SHODENSHA
SHINSHO

日本史のミカタ

井上章一
本郷和人

祥伝社新書

はじめに――日本史はひとつではない

本郷和人

はじめて専門的に中世史を学んだ頃、私が所属した石井進《いしいすすむ》（東京大学名誉教授、故人）先生のゼミでは、九条政基《くじょうまさもと》（室町時代後期の公家《くげ》）の日記『政基公旅引付《まさもとこうたびひきつけ》』を読んでいた。報告の順番が回ってくると、私は根来寺《ねごろじ》の寺内《じない》組織について述べた。そして、僧侶が得度《とくど》（出家）してからの年数を「臈次」と言い、当時「らっし」と発音したと指摘した。「これは細《こま》かいからどうでもよいことですが……」と言いながらも、「多くの史料を読み込まねばこの歴史的知識には到達できない。短時間のうちに新しい知見を得た僕ってすごいだろ」と内心誇っていた。ところが、石井先生はさらっと「うん。そんなことはどうでもいいね」と受け流した。悔《くや》しいので表には出さずに報告を続けたが、唖然《あぜん》とした。

同じ頃、東京大学史料編纂所（史料編纂所）の先生に学ぶ機会を得て、細かな実証にこだわり抜くおもしろさに感激、「これこそ学問だ、歴史学だ」と興奮した。だが、石井先生は口を開けば「ホラを吹きなさい。大きなことを言いなさい」と真逆なことを言われた。

歴史学では、専門分野が狭ければ狭いほど良しとされる傾向がある。狭く深く穴を掘る、それが研究だ、守備範囲を広く取る＝いかがわしい――私が勤務する史料編纂所は、そうした見方をする総本山として、明治以来機能してきたように思う。これは推測だが、石井先生は、かかるあり方の史料編纂所が嫌いだったのではないか。あるいは、そうした「狭く深い」学問をバカにしていたのかもしれない。

対談でも触れているが、日本には豊かな史料が残っている。史料の山に埋もれていれば、一生分の時間が過ぎていく。だが、それで終わっては凡庸《ぼんよう》なままだ。一度史料群に沈《ちん》潜《せん》したら、次には浮上して広い視野を獲得できるように努めねばならない。実証的に復元したひとつひとつの史実を綻《ほころ》びなく整合的に配置して、大きな見通しを立てる。それが先生の言う「ホラを吹く」ことであり、自分なりの歴史観を育てることなのだろう。

広い視野を育て、獲得する。かかる試《こころ》みに精力的に取り組んでいる現代の第一人者は、まちがいなく井上章一先生である。先生の守備範囲は建築学、社会学、歴史学（洋の東西を問わず）ときわめて幅広い。それほどまでに視野が広ければ、足下《あしもと》がおぼつかなくなるのではとの疑いも生じるが、それは下衆《げす》の勘繰《かんぐ》りである。

東京大学大学院情報学環に所属していた時、社会学と真摯《しんし》に向き合う学生たちと触れあったが、彼らがもっとも尊敬するのが井上先生だった。これは両刃《もろは》の剣《つるぎ》だが、社会学は遠くを見る学問だけに、実証作業に弱い。だから、彼らは井上先生が確立した実証方法を、何よりも優先して体得しようと研鑽《けんさん》にはげんでいた。

井上先生の視野は広く、説得力に満ちている。先生はあえてさまざまな角度から（京都から・東京から、海外から・国内から、商人から・武士から）歴史を語り、日本史はひとつではないこと、豊かな「日本史のミカタ」があり得ることを教えてくださった（こういうところが、懐《ふところ》の深い京都の大人なんだろうなあ）。

先生はどう思われたか知るよしもないが、私は対談の場で極度に緊張し（何度もトイレに立って、同席した編集者に呆《あき》れられた）、興奮してしゃべり続けた。終了した時には疲労困憊《こんぱい》していたから、なけなしの〝脳力〟はすべて動員した。縦横無尽《じゅうおうむじん》に考察を展開する「知の達人」と、ボロボロになりながら何とか斬《き》り結んだ、贅沢《ぜいたく》で夢のような時間だった。先生にやり込められたことは、これからの私の貴重な財産になるだろう。

二〇一八年八月

目次

第三章　武士と武芸の源流

第四章　「日本国」意識

第五章　絶対王政・室町幕府

第六章　朝廷は下剋上《げこくじょう》で輝く

第七章　鎖国と米《こめ》本位制

第八章　明治維新はブルジョワ革命だった

結　日本人と天皇

本文デザイン――盛川和洋
編集協力――瀧井宏臣
図表作成――篠　宏行

ＪＡＳＲＡＣ 出 1808731-801

序

ここだけの話

大河ドラマの台詞《せりふ》

井上　お目にかかったら、ぜひおたずねしたいことがありました。本郷さんは、二〇一二年のNHK大河ドラマ「平清盛《たいらのきよもり》」で時代考証を担当されました。「王家」という表現で物議《ぶつぎ》を醸《かも》されたことは知っていますが、これについては判断能力がないので、何もイチャモンはありません。私が文句を言いたいのは、演者たちの台詞です。ドラマでは京都が舞台になっていますが、平家の公達《きんだち》だけでなく、摂関家《せっかん》（摂政《せっしょう》・関白《かんぱく》に任じられる家柄）も、宮廷の女房たちも標準語を話しています。そこはまったく問題ない。ところが、海賊《かいぞく》だけが関西弁をしゃべっている。また、山中の追いはぎも関西弁。これに憤《いきどお》りを感じるのです。

本郷　それは、私の発想ではありませんが、やめろとも言いませんでした。表現としてはありかなと思いました。少なくとも、差別とは思っていませんでした。

井上　下手をすると、関西なまりの海賊を、NHKは関西圏視聴者へのサービスだと考えていたかもしれない。

本郷　私は落語が好きでよく聞きますが、落語に出てくる下働《したばたら》きの人はだいたい東北弁です。あれは確かに差別だと思います。いっぽう、荒くれ者が関西弁を使う設定はそうではありません。制作担当者は、関西弁のほうがおもしろいと思ったのではないでしょうか。

井上　でも、ドラマを観《み》ている関西人がどんな気持ちになるか、まったく念頭にないやん。あの時代なら、荒くれ者こそ関東なまりなのに。

本郷　あのドラマでは、「なぜ、平氏一門も京都の貴族も関西弁をしゃべらないのか。おかしいではないか」と批判されました。

井上　そこは納得しているのです。今は東京時代だから、しかたがない。そして、東京時代らしく、みんな標準語に、海賊も追いはぎも標準語にしてくれと言いたい。オードリー・ヘップバーン主演の『ティファニーで朝食を』という映画があります。パーティーのシーンで、会場の下に住んでいる日本人が喧《やかま》しいと文句を言いに行きます。英語で文句を言うのですが、東京の映画会社は関西弁のテロップをつけた。場を乱《みだ》してギャーギャー言うのは関西人だということでしょう。さすがにDVDでは修正され、標準語になりました。大河ドラマなどでは、しばしば豊臣秀吉《とよとみひでよし》だけが尾張《おわり》言葉になっています。秀吉を尾張言葉にするのなら、石田三成《いしだみつなり》も関西弁にしろよと言いたい。

本郷　秀吉と正室の北政所《きたのまんどころ》（おね）は、人前でも尾張言葉でやりとりしていたことを表現したかったのでしょう。

井上　ならば、三成と淀《よど》殿は彦根《ひこね》あたりの関西弁で話しているはずです。北政所と淀殿のサロンは言葉が違っていた。その違いも、ふたりのサロンに集まる男たちを分けていたのでは。

本郷　そうかもしれません。ただ、文献では話し言葉まではわからないので、推測が難しいんですね。

井上　だから、すべて標準語でいいのです。

ゲルマニストとロマニスト

本郷　呉座勇一《ござゆういち》さん（国際日本文化研究センター助教）の著書『応仁《おうにん》の乱』が四七万部を超えるベストセラーになりました。呉座さんは、井上さんが所属されている国際日本文化研究センター（以下、日文研《にちぶんけん》）に入所してから、新境地を開いた。だから、最近の日本史ブームの黒幕のひとりは、井上さんだと睨《にら》んでいます。

井上　確かに、呉座さんの著書『一揆の原理』をおもしろいと評したことはあります。でも、私が日文研に招いたわけではないので、黒幕ではないですよ。ＮＨＫ　ＢＳプレミアム「英雄たちの選択」の司会を務めている磯田道史《いそだみちふみ》さん（日文研准教授）が、日文研の存在感を高めてくれることは、期待もしていました。ですが、呉座さんがあんなに化けるとは思いませんでした。ただ、本人は、講演会にはお年寄りしか来ないので、「歴女《れきじょ》（歴史好きの女性）はマスコミが作ったフィクションだ」と言っていますよ。ブームと言われるほどのことはない、と。

本郷　彼女たちはふだん働いていますから、講演会に足を運ぶのは無理でしょう。私もカルチャーセンターなどで講演しますが、観察すると、「おじいさんは歴史、おばあさんは健康」と分かれるようです。

井上　歴史でも、マリー・アントワネット（フランス国王ルイ十六世の王妃）やエリザベート・アマリエ・オイゲーニエ（オーストリア皇帝フランツ・ヨーゼフ一世の皇妃）など、西洋史の、しかも皇妃の悲話なら、おばあさんも来るのではないでしょうか。いや、おばさんや、ことによればおねえさんも。

本郷　私が歴史研究者になりたいと思ったのは、小学校三年生の春休み、父親が京都・奈良旅行に連れて行ってくれたことがきっかけです。その時、薬師寺《やくしじ》の薬師三尊像《さんぞんぞう》を見て、「こんなに美しいものがあるんだ」と心を奪われ、歴史が好きになりました。中学生になると歴史クラブに入り、同級生と寺院や仏像を見て回りました。だから、京都・奈良の歴史建築物に対する憧《あこが》れは非常に強いです。

井上　私の歴史好きは、西洋史への興味から入りました。大学三年の時にイタリアを旅行したのですが、フィレンツェの市役所に驚きました。築七〇〇年ですから、日本で言えば鎌倉時代の建物のなかで職員が仕事をしている。シエナ市役所も十四世紀の建物で、これは京都でも考えられないことです。それ以来、私はイタリアかぶれです。

本郷　私は新婚旅行でドイツを旅しました。妻とふたりでワグナーのオペラの足跡を辿《たど》りましたが、石の建築に惹《ひ》かれ、しばらくヨーロッパかぶれになりました。

井上　ヨーロッパの歴史学者は、「ゲルマニスト」と「ロマニスト」に分かれます。フランク王国（四八六〜九八七年、フランク族が西ヨーロッパ主要地域を統一して建てたキリスト教的ゲルマン国家）では九世紀頃から荘園が成立します。これをゲルマンの遺風と考えるか、根っこにローマ文明があると考えるかで、説が分かれるのです。

ローマ帝国の東西分裂後、ゲルマン人は西ゴート王国（四一八〜七一一年、西ゴート族がフランス南部からイベリア半島にかけて建設したゲルマン国家）など、自分たちの国を作ります。彼らは民衆の前では国王ですが、東ローマ帝国皇帝の執政官あるいは将軍として働いてもいました。前者を強調するのがゲルマニストで、後者を強調するのがロマニストです。この違いは、日本における、いわゆる中世の開始を関東武士の清新な息吹と重ねて考えるか、根っこに七世紀の律令体制があると考えるかの差に似ている。だから、私はゲルマニストとロマニストの関係を、東国《とうごく》国家論と権門《けんもん》体制論（いずれも第四章で詳述）に重ね合わせてみたい。

本郷 日本のルーツは関東武士の「清新な」はやめて、「野蛮な」息吹にあります。私はゲルマニストということになりますね。この論争はあとでじっくりやりましょう。

史料購入オークション

本郷 日本は、世界でもっとも史料が残っている国です。それが歴史学者の驕《おご》りにつながっている。

井上 平安時代の公家の日記なども残っていますからね。ヨーロッパでは考えられへん。

中国でもないのと違いますか。

本郷　中国では、人が死んでもお墓のなかで生前と同じ生活をさせるという風習があり、官僚のお墓から法令集が発掘されることがあります。これは大きな発見として手柄になりますから、偽造するケースも出てくる。だから、研究者のなかには、出所不明なものはいっさい信用しないと明言している人もいます。朝鮮では、室町時代の文書が重要文化財になります。日本だったら二〇万〜三〇万円で買える代物《しろもの》です。江戸時代の文書なら、掃《は》いて捨てるほどあります。

井上　フランク王国の国王が出した文書に残っているものもありますが、ヨーロッパで残っているのは、主に年代記と歴史読み物です。立場の違う人が書いた読み物を照らし合わせると、実相が浮かんできます。ところで、古書店のカタログを見ると、古文書にとんでもない値段のついていることがあります。東京大学史料編纂所（以下、史料編纂所）は、貴重な古文書が見つかった場合、何が何でも手に入れるのですよね。

本郷　いえ、通常はゼロふたつまで（一〇〇万円以下）です。

井上　それでは、値の張る古文書を誰が買うのですか。

本郷　コレクターです。以前、霜月騒動《しもつきそうどう》（一二八五年、鎌倉幕府の有力御家人・安達泰盛《あだちやすもり》が滅ぼされ、執権《しっけん》・北条氏《ほうじょう》が強大になった政変）の戦死者の名前が記されている経典《きようてん》が、オークションに出されたことがあります。それまで行方《ゆくえ》知れずだったもので、喉《のど》から手が出るほど欲しい。「これは何としても買わなければ」と、史料編纂所の担当委員に掛け合いましたが、「そんな金はない」と断《ことわ》られました。

井上　公費を使ってのオークション参加は認められているのですか。

本郷　史料編纂所のもの、ひいては国のものになるので大丈夫です。よくオークションを利用しています。ちなみに、霜月騒動の経典は高値になりそうだったので、家に帰って、妻（本郷恵子《けいこ》史料編纂所教授）に「うちで今洗いざらい集めたら、現金でいくら作れる」とたずねたら、「七〇〇万円なら用意できる」と言われたので、とりあえず七〇〇万円で入れましたが、落ちませんでした。

それで、誰が買ったのかを聞いて回ったのですが、古書店は言ってはいけないことになっています。大学や歴史博物館など公的機関が研究のために購入したのであれば、いずれはわかります。それを待っていたのですが、なかなか出てこない。「これはヤバい」と思っていたら、有名なコレクターで某寺の住職が買ったことがわかりました。その人なら必要な時に史料の撮影ぐらいはさせてくれると思ったので、そのままにしてあります。

井上　それにしても、本郷家が羨《うらや》ましい。うちでは一〇万を超えて古書店に注文しようとすれば、妻が渋《しぶ》ります。夫婦ともに研究者だから、理解があるんやね。

本郷　私は最近、万年筆に凝《こ》っていまして、妻から「あなた、万年筆店を開くつもり」と怒られています。それぐらいなら、古文書を買ったほうがいいと思っているようです。

日本に古代はない

井上　古代の律令体制などたいしたものではない、地方は中央が定めた律令とは関係ない生活をいとなんでいた、と本郷さんは書いています。私はこれを文字通りに受け取りたい。

本郷　日本に古代はない、というのが井上さんの主張ですね。

井上　かつてソビエト連邦（現・ロシア）の研究者から、ソ連の大学で教えられている日本史には古代がないことを教わりました。奈良時代も平安時代も中世だ、と。以来、なぜ日本史に古代が想定されているのかを考え始めたのです。このように、海外の研究者たちと話していると、蒙《もう》を啓《ひら》かれることがあります。余談ですが、インド人の松尾芭蕉《まつおばしょう》研究者からは、「夏草や　兵《つわもの》どもが　夢の跡《あと》」を翻訳するのが難しいと言われました。彼の住んでいるところは猛暑で、夏は草が生《は》えないそうです。

本郷　子どもの頃に受けた教育というのは、案外に根強いと思います。「はじめに」で触れた、私の師匠・石井進先生の師匠である佐藤進一《さとうしんいち》先生（中央大学名誉教授、故人）は、皇国史観を否定しましたが、後醍醐《ごだいご》天皇が大好きで、後醍醐天皇の新しさを説いておられました。

井上　それは、知らなかった。ゲリラ戦（護良《もりよし》親王や楠木正成《くすのきまさしげ》が千早《ちはや》城などで行なった）に、佐藤さんは血が騒ぐのかな。

本郷　それはあとづけで、忠君愛国論だと思います。

井上　それでは、皇国史観の平泉澄《ひらいずみきよし》さん（東京大学名誉教授、故人）と変わらないじゃないですか。

本郷　実は、私も日本史の人物で一番好きなのは正成です。子どもの頃に読んだ歴史物語の影響かもしれません。戦前の歴史学は、天皇親政による輝ける古代を無理矢理作ってしまった気がします。それが、古代史研究者が古代をすばらしい時代ととらえ、威張っていることの背景にあるのではないでしょうか。

古代史が歴史研究の本筋と考えられたので、中世史研究者も有能な人ほど、古代に近い中世の研究をします。佐藤進一先生や石井進先生、私のもうひとりの師匠・五味文彦《ごみふみひこ》先生（東京大学名誉教授）も、平安時代や鎌倉時代をフィールドにしていました。戦国時代など、研究対象にすらなりませんでした。国文学で近現代の作品がつい最近まで研究対象にならなかったのと同じです。

井上 私は、逆の見取図を描いています。明治維新後、近代日本の手本はヨーロッパになりました。歴史研究もそうです。十九世紀後半の帝国主義の時代、ヨーロッパで覇権を握っていたのはイギリス、フランス、ドイツでした。要するに古代のなかった国々です。古代のローマ帝国から抜け出して、ゲルマンの戦士たちが作った新しい中世に現代社会の根っこがある――そうとらえた研究者たち、たとえば歴史家の原勝郎《はらかつろう》さん（京都帝国大学教授、故人）や、法制史家の中田薫《なかだかおる》さん（東京帝国大学教授、故人）は、腐《くさ》った古代から抜け出した輝かしい中世という物語を、ヨーロッパにあやかりながら作っていったような気がします。

本郷 生まれ育った環境もあるかもしれません。原勝郎さんは盛岡《もりおか》藩士の長男、内藤湖南《ないとうこなん》さん（京都帝国大学教授、故人）は盛岡藩士の次男で、いずれも武士出身です。だから、武士を否定するのはなかなか難しかったのでしょう。

井上　中田さんは、源《みなもとの》頼朝《よりとも》をフランク王国の宮宰《きゆうさい》カール・マルテルに擬《なぞら》えていました。原さんは、法然《ほうねん》を日本におけるアッシジ（イタリアの都市で巡礼の地として知られる）のフランチェスコ（フランチェスコ修道会の創設者）にたとえた論文を書いています。彼らは、日本史に、ヨーロッパ史との類似例を見出すことで、喜びを感じたのでしょう。

皇国史観の亡霊

本郷　私たち中世史研究者は、中世のことだけ研究していればいいという教育を受けてきました。中世以外の時代のことに口を挟《はさ》むなど、とんでもないと。

井上　最初はそうでしょう。あちこち浮気をするなと教えられる。そのいっぽう、歴史学の学界にいる人たちから「自分はこう思っているけど論文ではそう書けない」という不満も、聞かされます。中国の古代史を、東大では十世紀まで、京大では三世紀までととらえてきました。「どちらの系統の大学に就職するかわからない以上、若いうちは隋《ずい》や唐《とう》の時代が官僚制、言外《げんがい》に言えば古代か、それとも貴族制、言葉を換えれば中世かといったテーマには触れないほうがいい」と先輩に言われた人もいたそうです。せつないなあ。

本郷　東大の古代史研究者たちは「他の時代に比べて古代がすばらしい」と主張しがちですが、私はそのような前提は捨てるべきと言いたい。それこそ、皇国史観の影響という気がしてならないのです。

井上　ひょっとしたら、ギリシャ・ローマがすばらしいというヨーロッパの歴史観が根底にあるのではありませんか。

本郷　そうだとすれば、ギリシャ・ローマ礼賛《らいさん》の思想と平泉澄さんの皇国史観との相関を考える必要があるのかもしれません。平泉さんは一時期、ファシスト党を支持した（のちに反ファシズムに転じる）イタリアのベネデット・クローチェ（歴史学者、故人）に私淑《ししゅく》していたことがあります。そして、日本に帰国したとたんに皇国史観をぶち上げています。

井上　平泉さんは相当の才人だったと思います。でも、自惚《うぬぼ》れが強いだけに、自説のアジール（「聖域」を意味するドイツ語。犯罪人、奴隷、債務者などが制裁から保護を受けられる場所。中世ヨーロッパにおける教会、聖地、自治都市など）論が周囲にわかってもらえないことでは苛立《いらだ》っていた。そこで、てっとり早く多くの人にわかってもらえる道、つまり帝《みかど》はすばらしいと賞賛する道に走ったのではないでしょうか。

本郷　平泉さんの五つ年上に龍粛《りょうすすむ》さん（史料編纂所所長、故人）がいます。ふたりとも東大を首席で卒業したエリートですが、平泉さんが四高（旧制第四高校、現・金沢大学）出身に対し、龍さんは東京育ちで東京高等師範学校附属小学校（現・筑波大学附属小学校）、同中学校、一高（旧制第一高校、現・東京大学教養部）出身のシティボーイで、指導教授のお嬢さんを妻にしています。

平泉さんは、実証主義的な研究に批判的でした。文書や記録を解読すれば終わりという研究方法に飽《あ》き足らなかった。龍さんがたずさわった『大日本史料《だいにほんしりょう》』（六国史《りっこくし》〔『日本書紀《にほんしょき》』『続日本紀《しょくにほんぎ》』『日本後紀《にほんこうき》』『続日本後紀《しょくにほんこうき》』『日本文徳天皇実録《にほんもんとくてんのうじつろく》』『日本三代実録《にほんさんだいじつろく》』〕以降、国史編纂が行なわれなかったため、八八七〜一八六七年の史料を編年でまとめた史料集。一八九五年から始まり、現在も史料編纂所で編纂・刊行中）』第五編の編纂に対抗して、歴史理論を立てようとしたのではないでしょうか。

井上　確かに、小さな実証研究を続けていると、一度固まった枠《わく》から抜け出すことが難しくなりやすいね。

勲章を欲しがる人たち

井上　私は、中世に朝廷の権威がどこまで力を持っていたか、疑問に思っています。しかし、自分が年を取り、先輩たちが叙勲《じょくん》に少なからず心を動かしている様子も見て、これは侮《あなど》れないなと思うようになりました。進歩的だった人、左翼的だった人が自分はどの勲章をもらえるのかと気を揉《も》んでいるのです。

本郷　どうでもいいように見えて、人を動かす力になっていると。

井上　フランスでも、外国人にレジオン・ドヌール勲章（フランスの最高勲章）を与えることが、安上がりな外交になっています。実力を重んじる本郷史学は、天皇制の持っている、この侮れない力を見過ごしてしまうことになりませんか。

本郷　私が「京都の研究者は唯物史観《ゆいぶつ》のくせに勲章を欲しがる」と言ったら、高橋昌明《たかはしまさあき》さん（神戸大学名誉教授）に「それだけは言うな」と窘《たしな》められました。

井上　「言うな」というのは図星《ずぼし》だからでしょう。梅原猛《うめはらたけし》さん（日文研名誉教授）は「直《なお》木孝次郎《きこうじろう》（大阪市立大学名誉教授）から右翼呼ばわりされた」と腹を立てていました。その後、直木さんが宮内庁から召人《めしうど》（宮中の歌会始《うたかいはじめ》で和歌を詠《よ》む人物）に呼ばれたことを知ると、「俺を右翼呼ばわりしておきながら」とますます腹を立てていました。確かに、直木さんが書いてきた文章からは、どうして召人の務めを引き受けたのかが理解できません。でも、人間ってそういう好餌《こうじ》で動くことがあるわけですよ。私だって、老境を迎えた時、どのような心境になるかはわかりません。

本郷　たとえば瑞宝単光章《ずいほうたんこうしょう》（旧・勲六等）でもいいから欲しいと思うのでしょうか。私は叙勲どころか、賞というものにまったく縁《えん》がないものですから。

井上　本郷さんのように実力主義を尊《とうと》べば、勲章など、ただの紙切れにすぎない。室町幕府の初代執事《しつじ》・高師直《こうのもろなお》（第五章で詳述）も、そう冷《ひ》ややかに認識していたようですが。

本郷　とりあえず、私は高橋さんの主張を受け入れて、人がもらいたいと言っているものを笑わないことにします。もちろん、朝廷の持つ文化については認めていますし、位階《いかい》（68〜69ページの図表2）は現在まで続いています。武家は結局、位階のような人間と人間との関係性をきちんと測る物差しを作れなかったわけですから、その点ではアホで話になりません。

日本史研究者に足りないもの

本郷　井上さんの話を聞いていると、日本史研究者に足りないのは、外国の歴史を勉強することだと痛感します。

井上　せめて、中国の歴史ぐらいは勉強したほうがいい。

本郷　できれば、ヨーロッパの歴史まで勉強したい。明治時代の歴史学者、たとえば原勝郎さんはもともと西洋史が専門で、日本の中世史を作りました。

井上　中世史なら、ヨーロッパと日本を対比できることが多いと思います。ただ、原さんの頃に比べると、読まなければいけない文献の数が桁違《けたちが》いに多くなっていますね。

本郷　確かにそうですが、では研究者の読む力が上がっているかと言うと、比べものにならないくらい落ちているのが現状です。

井上　あの時代の学者たちは漢文に日頃からなじんでおり、すらすら読めますね。私は、梅原猛さんに「空海《くうかい》の文章なら寝ながらでも読める」と言われたことがあります。「ほんまかいな、見栄《みえ》張ってるんちゃうか」と思いながら、聞いていましたが（笑）。日文研のある、西京《にしきよう》区御陵大枝山《ごりようおおえやま》町は、いちおう京都市内に入りますが、西のはずれで、三〇年前にできた当時は、バスが一時間に一本もなかった。この辺鄙《へんぴ》な場所を選んだのが、初代所長の梅原さんです。

本郷　そうなのですか。

井上　五つほどあった候補地のなかで、京都の中心からもっとも離れたところを選ばはったのです。当時、若造だった私は、半分お愛想《あいそ》を込めて「梅原先生、まさか比叡山《ひえいざん》の最澄《さいちょう》（天台《てんだい》宗の開祖で京都の北に位置する比叡山に延暦寺《えんりやくじ》を建立《こんりゆう》）と張り合って、ここを選んだのではないでしょうね」とたずねました。すると、梅原さんが真顔になって「井上くん、人前でその話をするな」とおっしゃった。その時、「ああ、本気なんや」と思いました。

本郷　そうか。大枝山はもうひとつの比叡山なんだ。

井上　梅原さんの脳裏ではね、千年後、歴史の本に、自分の名前が最澄と並んで書かれることもよぎっていたのかもしれません。

第一章　神話と統治

天皇家の存続と神話の関連性

本郷　倉本一宏《くらもとかずひろ》さん（日文研教授）は、天皇家はその正統性を記紀《きき》（『古事記《こじき》』『日本書紀』）の神話に置いているから、どんな権力者も天皇家に代わることができないと述べています（『古代史から読み解く「日本」のかたち』）。天照大神《あまてらすおおみかみ》の孫である邇邇芸命《ににぎのみこと》（瓊瓊杵尊）が天から降臨《こうりん》し、その子孫が神武《じんむ》天皇であるという神話が、権威の源泉になっている。だから、中国の易姓《えきせい》革命のように、悪い皇帝・王朝は倒してもいいという発想が出てこない。逆に言えば、天皇家に取って代わるためには、権威の源泉となる神話から作り直さなければならないと主張されています。

　倉本説のうち、神話が重要であるという点はその通りです。また、天皇家を滅ぼすためには神話を作り直さなければならないという点も同意します。でも、神話を作り直さなければいけないから、天皇家を滅ぼせないとまでは言い切れない。言い換えれば、神話ぐらい作ろうと思えば作れるのではないでしょうか。

井上　私は倉本説を読んでいないので、判断は控えます。ただし、世界史的に見ると、神話を持っていた国でも、王家はだいたい滅んでいます。その事実からすると、神話があるから天皇制が続くという立論《りつろん》には、やや無理があるかもしれない。

本郷 たとえば、古代の出雲《いずも》にも王朝があり、大和《やまと》とは違う神話があったでしょう。しかし、大和の神話が天皇家のルーツになった。それは、どちらがすぐれているかという優劣で出雲の神話が選ばれなかったわけではなく、リアルな権力闘争のなかで出雲が敗退したと私は考えます。

井上 中国古代の周《しゅう》王朝（紀元前十一～同三世紀）にも神話があったけれども、滅びてしまった。ただ、倉本さんの説に寄り添って考えるならば、由緒ある神話を持つ王が担《かつ》げれば、統治のコストは安くなるでしょうね。

本郷 日本史全体を見渡すとよくわかるのですが、日本では世襲の力がとても強い。その理由としてはいろいろ考えられますが、ひとつは井上さんが指摘したように、コストが安上がりなことです。

井上 次の王を選ぶ時に、その都度戦争をして多大な人的・物的損害を生じるくらいなら、ボンボン、孫ボンを跡継《あとつ》ぎにしたほうがましだと。

本郷 ええ、世襲によって血が流れないようにするというのはありますね。

井上 でも、世襲の権利を持った者どうしが戦って血を流すことも、ままありましたよ。

本郷　ですから、権威が確立しているから権力が動かないというわけではない。権力が強大であれば、新たな権威を確立するために神話を作ることぐらいはできます。江戸時代には記紀の認知度は低かったですから、神話はそれほど絶対的なものではないと思います。

伊勢神宮と、鈴木姓が多い理由

井上　私はちょっと違う考えを持っています。伊勢《いせ》神宮の例を挙げます。応仁の乱（一四六七〜一四七七年）以後、荘園からの上がりや天皇家からの補助がなくなり、神官は収入が途絶えました。それで神官《しんかん》、特に御師《おし》（参詣者の祈禱《きとう》・宿泊の世話をする者）たちは観光開発を始めたのです。

本郷　観光開発ですか。

井上　今で言う近畿日本ツーリストみたいなことです。伊勢神宮は本来、朝廷の宗廟《そうびょう》めいた一面もある施設でした（内宮《ないくう》では皇祖神《こうそしん》の天照大神を祀《まつ》る）。民衆が群れるようなところじゃあなかった。そのあり方を変え、民衆の巡礼によってお金を稼《かせ》ごうとしたわけです。そのために、神官は全国を回り、伊勢神宮が尊《とうと》いこと、天皇家との所縁《ゆかり》や神話などを説いて回った。この全国行脚《あんぎゃ》が、朝廷周辺にとどまっていた神話世界を、広く民衆にまで広げていった。本居宣長《もとおりのりなが》など国学者の力は微々《びび》たるもので、観光業者によるキャンペーンのほうがより訴求力を持っていたでしょう。

本郷 だから、日本人の名字に鈴木姓が多いわけです。

井上 鈴木姓と天皇制と何かかかわりがあるのですか。

本郷 御師には、鈴木姓が多かったのです。御師が全国を回った結果、鈴木姓が広まったのでしょう。

井上 京都は政治的にも経済的にもずっと日本の中心でしたが、十七世紀末になって経済力で大坂に抜かれます。そうすると、京都はだんだん観光に目覚《めざ》めだします。経済的な劣《れっ》位《い》に置かれたものが観光業にシフトするのは、まさに昨今の日本もそうですが、中国に抜かれだす頃から観光立国と言い出しましたしね。江戸時代の京都が先取りしていた。もっと言えば、伊勢神宮が先取りしていたのです。

伊勢の御師たちを通して、天皇を尊ぶ、つまり尊王思想が全国に普及したのです。太平洋戦争（一九四一〜一九四五年）時、米軍の空襲が激しくなると、昭和天皇は「伊勢は無事か」と心を痛めていたと言われています。

本郷　それほど大事にしているわりには、戦国時代に、一〇〇年ほど遷宮《せんぐう》ができませんでした。二〇年に一度、社殿を建て替えるのが遷宮ですが、それまでは内宮と外宮《げくう》で時期がずれていました。その後、正親町《おおぎまち》天皇の時に再開されましたが、内宮と外宮の遷宮が同時期に行なわれるようになり、現在に至っています。

井上　遷宮を再開する時、建物が朽《く》ちはてていたため、どのような建物だったかわからなくなっていました。一五八五年の遷宮の事情を伝える『天正《てんしょう》十三年造営記《ぞうえいき》』には、神主《かんぬし》の記録と大工の記録に齟齬《そご》があり、柱の位置は両方の数字を足して二で割りながら決めた、と書かれています。だから、同じ寸法の同じ建物が千年以上、続いてきたわけではありません。十六世紀末以後の社殿は原型のコピーでなく新しいリバイバルです。復古精神の賜《たまもの》と言ってもいいかもしれない。

近代化とは、古さにこだわること

井上　復古精神で思い出しましたが、後醍醐天皇はけっして新しい人じゃあなく、古さにこだわった人だと、本郷さんは書かれていました（『天皇はなぜ生き残ったか』）。でも、古さにこだわることもルネサンス（フランス語で「再生」を意味する、十四世紀イタリアで始まった文化運動）であり、近代化を目指すひとつのあり方ではないでしょうか。古い時代のことって、実はよくわからない。だから、復古というかけ声で、かえって新しいことがやれるようになる面もあるわけです。

本郷　なるほど、古さに身《み》を埋没させることで新しさが出てくるという逆説からすれば、後醍醐天皇はまさにその典型です。当時の両統《りようとう》（持明院《じみよういん》統〔北朝〕と大覚寺《だいかくじ》統〔南朝〕、43ページの図表1）の天皇はみな優秀で、過去を振り返るのではなく、とにかく目前にある難問を解決しようと取り組んでいました。

井上　ほんとやね。あの混乱のなかで、新しい方向を目指しながら、よく歴史を顧《かえり》みる心の余裕があったと感心します。

本郷　北畠親房《きたばたけちかふさ》は、戦場を駆け回りながら『神皇正統記《じんのうしようとうき》』を書き上げています。ほとんど史料がないにもかかわらず、あれだけ書いてしまうのだから、すごい。そう考えると、後醍醐天皇が思いきって古いところに根拠を置いたのは、非常に新しいと言えるかもしれません。

井上　これは私の想像ですが、申し上げます。足利尊氏《あしかがたかうじ》は後醍醐天皇にはじめて会った時、惚《ほ》れ込んだんじゃあないでしょうか。野球を好きな、私たちよりすこし年長という世代の人間が長嶋茂雄《ながしましげお》を見た時、贔屓《ひいき》球団を超えて惹《ひ》かれ、虜《とりこ》になるような感じです。そのいっぽうで、尊氏は自分が擁立《ようりつ》した北朝の王たちをぞんざいに扱っています。まあ、見くびっていたんやないかな。

逆に後醍醐天皇は、尊氏に裏切られたと知った時、「ほんまは俺のことが好きなくせに」という思いを脳裏へよぎらせたかもしれない。これは本郷さんのような、きちんとした研究者の前で言うべきことではないかもしれませんが。

本郷 いえいえ、わりと研究者もそう思っているのではないでしょうか。夢窓疎石《むそうそせき》の法話集『夢中問答集《むちゆうもんどうしゆう》』は、疎石が尊氏の弟・直義《ただよし》の質問に答える形式になっていますが、疎石は直義の問いをはぐらかしている。いっぽう、直義の問いからは、彼が現代人に近い感覚を持っていることがよくわかります。そうであれば、尊氏だけでなく直義も、後醍醐天皇に、特にその不撓不屈《ふとうふくつ》の精神に惹かれただろうと思います。

井上 尊氏は後醍醐天皇の祟《たた》りを恐れて天龍寺《てんりゆうじ》を造りましたが、疎石は禅宗の僧侶なのですから、本来なら「祟りなどない」と進言すべきですよ。でも、尊氏にその造営をすすめます。自分の寺が欲しいと思ったのか、疎石は尊氏らの怯《おび》えを煽《あお》るようにして天龍寺の開祖となりました。だから、日本の禅宗は祟りや怨霊《おんりょう》、鎮魂といった伝統的な考え方に、禅の哲学を逸脱《いつだつ》していつでも歩み寄れる宗派なんだと思います。主知的な理論だけで、日本の禅宗は語れない。

本郷　同感です。権力にすり寄る姿勢がなければ、あれだけ将軍家と仲良くできないでしょうから。

図表1　天皇家の系図（13〜15世紀）

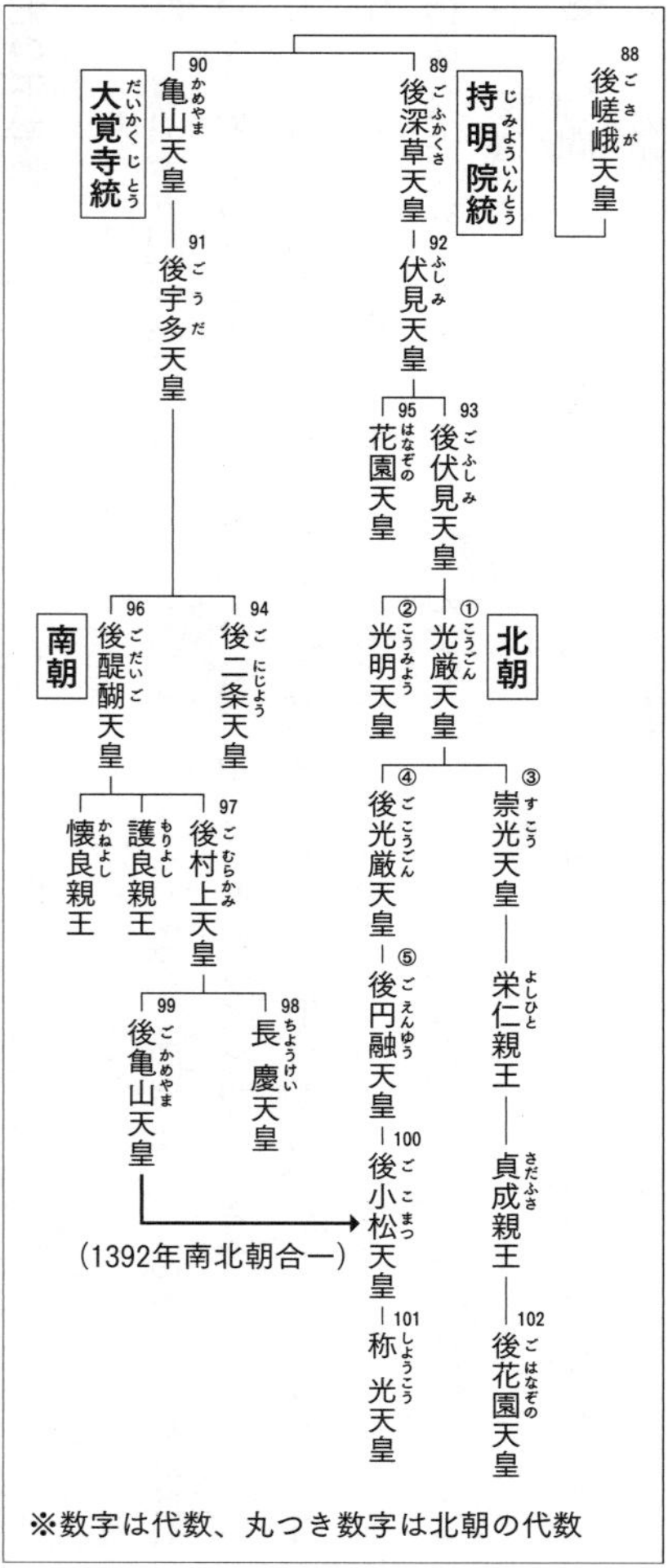

支配の正当性

本郷　統治・支配の話に戻りましょう。リーダーとして担ぐ際に権威のある人物が選ばれるのは理由がありますね。力のない人だから担げるということでしょう。

井上　ぽっと出の人が力で全体を制圧するのは大変です。相当なエネルギーが必要になります。とりわけ、統治の正当性を勝ち取るまでに、すごく手間がかかる。だから、正当性を担保してくれる何か、つまり錦《にしき》の御旗《みはた》やお墨《すみ》つきがあると、コストが少なくてすみます。

本郷　ただ、天皇家の権威について言うならば、他の豪族たちとの角逐《かくちく》のなかで戦って血も流し、頭ひとつ、ふたつ、三つと抜きん出ることによって、王から大王《おおきみ》、そして天皇になっていったわけです。だからこそ、効率的に支配するために、いろいろなことを考える。そのひとつが後ろ盾《うしろだて》を得ることで、より大きな国、すなわち中国の後援を求めました。

井上　倭《わ》の五王《ごおう》（讃《さん》・珍《ちん》・済《せい》・興《こう》・武《ぶ》）が、安東大将軍《あんとうだいしょうぐん》（中国の官職）に任じられたようなことですね。

本郷　五～六世紀は、肩書きを中国からもらいましたが、その後、聖徳太子《しょうとくたいし》の時に捨てています。天皇は隋の皇帝と並び立つ存在だと位置づけたわけですが、そこにどのような転換があったのか、古代史研究者にもうすこし教えていただきたい。

井上　聖徳太子の存在は、中国側の記録に残っていません。

本郷　『隋書倭国伝《ずいしょわこくでん》』には、推古《すいこ》天皇の名で出した隋への国書に「日出《ひいず》る処《ところ》の天子、書を日没する処の天子に致す。恙《つつが》なきや」と記されていたと書かれています。この文章は聖徳太子の発案で、煬帝《ようだい》は激怒したとされていますが、返書が残っていません。おそらく、「身《み》の程を知れ」という返書を送ったと思いますが、遣隋使《けんずいし》だった小野妹子《おののいもこ》が「なくなりました」と言って、日本に持ち帰らなかった。

井上　森友《もりとも》学園問題と一緒ですね。

本郷　おそらく聖徳太子に口頭で報告したが、実物が残っていない。だから古代史研究者は、先に答えがあるような考察をしているように思えてなりません。

権力者としての天皇

本郷　日本の歴史を通して見ると、日本人はおおむね大人しいのですが、幕末の黒船来航のように外圧が強くなると、ヤンキーのような人物が出て、国を変えていく。おそらく、古代の大王もヤンキーのような存在だったのではないでしょうか。

井上　『万葉集《まんようしゅう》』の冒頭にあるのは、雄略《ゆうりやく》天皇がナンパをする詩です。「この岳《おか》に　菜摘《なつ》ます児《こ》　家聞かな　名告《なの》らさね」（この丘で若菜を摘んでおられるおとめよ、家をお告げなさいな、名を名のりなさいな）と、若い娘に声をかけていますね。

本郷　雄略天皇の逸話は、エッチなものばかりです。采女《うねめ》に裸相撲を取らせるとか、木に跨《また》がらせて馬がまぐわっているところを見せて濡《ぬ》れた采女はけしからんとか、やりたい放題です。

井上　そういうのがお好きですか。

本郷　いえいえ、そっちはまるでわかりません（笑）。

井上　そうですか。AKB48はお好きですよね。

本郷　それだけは、妻からお目こぼしをしてもらっております（笑）。ここで話題を変えて、鷹狩《たかが》り（鷹を放って野鳥などを捕《とら》える）について触れましょう。嵯峨《さが》天皇は鷹狩りが好きでしたし、織田信長《おだのぶなが》や徳川家康《とくがわいえやす》も好んで行なっています。ヨーロッパでも、神聖ローマ帝国（十～十九世紀）のフリードリヒ二世も鷹狩りが好きだったそうです。

当然ですが、天皇も権力者だったわけですから、鷹狩りをするスポーティーな天皇がいてもおかしくない。だから、雅《みやび》な衣をまとった、権威の象徴としての天皇を見るのではなく、生身《なまみ》の権力者としての天皇も見たほうがいいと思うのです。

井上　天皇も、権力を握っていた飛鳥《あすか》・奈良時代には、暴力ないしは擬似暴力を振るっていたと思います。しかし、律令体制を固めた天武《てんむ》天皇（大海人《おおあま》皇子）にしても、大友《おおとも》皇子を滅ぼした壬申《じんしん》の乱（六七二年）のような争いは、生涯に一度でたくさんだと思ったでしょう。天智《てんじ》天皇（中大兄《なかのおおえ》皇子）だって、蘇我入鹿《そがのいるか》を暗殺した乙巳《いっし》の変（六四五年）が忘れられず、悪夢でうなされたこともあったと思います。

本郷　日本人には、基本的に戦いを避ける傾向があるのでしょうか。

井上　いや、どんな民族でも戦いは避けたいと思いますよ。ただ、やむを得ず、戦わなければならない時もある。

本郷　日本が多神教であることの影響も考えられませんか。多神教ということは正義がいくつもあるわけですから、ぶつからざるを得ない。そのなかで、ネゴシエーションをして戦いを避けていくのが、日本人は非常にうまかった。

井上　でもね、多神教時代のゲルマン社会は殺戮《さつりく》の連続で、ゲルマンの王たちは酷《むご》かったですよ。ヴァイキング（八～十一世紀にスカンジナビア半島やユトランド半島を根拠地として略奪・貿易をしたノルマン人）も多神教です。ついでに言えば、血で血を洗った鎌倉の武士たちも、多神教じゃあないかな。

本郷　確かに、ヴァルハラ（「戦死者の館」を意味する北欧神話に登場する天国）に行ければいいみたいな感じで、殺し合いをやっていますね。そうすると、多神教だからという説はだめか。

井上　文明化され、民度が高くなると戦いを避けるようになるのではないでしょうか。

本郷　ソフィスティケート（洗練）されてくると、戦いに至る前に何とかしようという力が働く。奈良時代に天皇家が王位の争奪を繰《く》り返しているのは、天皇になることが権威だけでなく、権力を掌握することでもあったからでしょう。そして、天皇の地位を争奪するための方法論として、中継ぎの登板が生まれてくる。だから、奈良時代の天皇家の系図はすごく複雑になっています。

井上　天智天皇は、邪魔《じゃま》になりそうなライバルを殺《あや》めていきました。王朝のなかには、真摯《しんし》に願った者もいたのではないでしょうか。このような悲惨なことを、二度と起こさなくてもすむようなしくみを作りたい、と。そう考えると、戦国時代の武将たちはよほどタフだったんやね。

本郷　殺し合いに次ぐ殺し合いも平気というのが、武士の特徴です。教養のある皇族や貴族であれば、やりたくないでしょう。天武天皇にしても、壬申の乱のような、負けたら死が待っている命がけの戦いを好き好んでするわけがありません。そうすると、そのような争いをしないですむように、記紀を作って権威づけを進めるのは当然だと思います。

なぜ天から降臨したのか

本郷　日本は海に囲まれた島国であるにもかかわらず、ニライカナイ（沖縄や奄美《あまみ》諸島に伝わる理想郷。海の彼方《かなた》にあるとされる）のように海の向こうから来たのではなく、天から降りてきたという神話になりました。それはなぜかという疑問が生じますが、いくつもの神話のなかから天孫降臨の神話が選択された、勝ち残ったと考えたらいいと思うのです。

井上　大和民族の性向を考えて、この話なら好まれるだろうという計算があってできた神話じゃあない。たまたまそういう物語を持った人たちが勝ち残ったということですね。

本郷　ただ、海が彼らにどういう影響を与えたかという点については、疑問が残りますね。大和民族は奈良盆地を都《みやこ》にしたわけですが、海沿いに都を作らないのには、何か理由があるはずです。

井上　パリもロンドンもベルリンもウィーンもローマも長安《ちょうあん》や洛陽《らくよう》も内陸です。

本郷　防衛ということを考えると、やはり内陸になるのかなあ。

井上　ヨーロッパの川は流れが緩《ゆる》やかなので、九〜十世紀になると、ヴァイキングが川を遡《さかのぼ》って暴れるようになりました。ヨーロッパの町が城壁を作るのは、彼らに襲われるようになってからです。

本郷　日本の川は流れが速いので、遡る時は船を引っ張っていきました。その様子は、浮世絵にも描かれています。

井上　ヨーロッパの人は京都の鴨川《かもがわ》の流れを見ると、流れの速さに目を奪われ「まるで滝のようだ」と感じやすい。

本郷　中国の都には城門があり、塀《へい》で囲まれています。異民族がいつ襲ってくるか、わからない状況なので、防衛のためにそうしたのです。いっぽう、日本の平城京《へいじょうきょう》や平安京《へいあんきょう》には塀がありません。あれはなぜなのか。

井上　中国と並び立つような大それた都は作らないという謙虚な心があった？　いや、そんなわけはない（笑）。弥生《やよい》時代には城壁というほどではないが、環濠《かんごう》集落がありますね。室町時代末期にも環濠都市ができる。異民族が襲ってくることはなくても、やはり相当な戦乱があったということでしょう。

本郷　ということは、大王や天皇の統治は限定的にしても、それなりにうまくいっていた証《あかし》かもしれません。

第二章

祭り上げの政治技術

摂関政治は不安定だった

本郷　平安時代中期の摂関政治では、天皇を祭り上げて、摂政・関白が実際の政治を執《と》り行ないました。摂関家が娘を天皇の后《きさき》にして、生まれた子どもが天皇になると、外戚《がいせき》として祖父の立場から権力を握るというしくみです。

摂関家が藤原《ふじわら》氏の世襲になると、今度は藤原氏内部の闘争となり、藤原房前《ふささき》の北家《ほっけ》（のちに五摂家《ごせっけ》〔近衛《このえ》家・九条《くじょう》家・鷹司《たかつかさ》家・二条《にじょう》家・一条《いちじょう》家〕に分立）が本家となり、固定されます。逆に言えば、摂関政治が完成された時には院政《いんせい》が始まっていたと言えるわけです。実際、「この世をば　わが世とぞ思ふ　望月《もちづき》の　欠けたることも　なしと思へば」と詠《よ》んだ藤原道長《みちなが》の息子・頼通《よりみち》の時代には、後三条《ごさんじょう》天皇（宇多《うだ》天皇以来一七〇年ぶりの藤原氏を外戚としない天皇）が出現していますから、摂関政治は制度としては相当、不安定だったと言わざるを得ません。

井上　つまり、院政によって急激に変わったわけでなく、すでに摂関期に下地《したじ》ができていたということですね。院政になって政治は活気づいたと考える研究者がいるいっぽうで、摂関期と院政を連続的にとらえる研究者もいて、本郷さんは後者ですね。

本郷　私は、そう考えています。

井上　フランク王国のカロリング朝（七五一〜九八七年）にも、江戸幕府の大老《たいろう》のような宰相がいて、実権を握っていました。国王たちは若い頃からハーレム漬《づ》けにされ、牙《きば》を抜かれていましたが、それでも国王には権威がありました。だから、実権を握っている実力者が国王にもいてもらうというパターンがないわけではない。

本郷　日本だけの特徴ではないと。

井上　実権を握った国王たちも、ローマ教皇の前では身《み》を低くして、傅《かしず》きました。武力を持たないローマ教皇を立てていたわけです。

本郷　中国では皇帝を祭り上げて、親戚が好き勝手にやっていました。しかし、皇帝が交代すると、前皇帝の親戚は皆殺しになり、現皇帝の親戚が権力を独占します。そして現皇帝が生きている間は、親戚がやりたい放題しますが、次の皇帝が立つと、また皆殺しになる。

井上　そのような現実を見ていて、どうして自分の親戚が皇帝になればいいなと思うのだろう。普通の神経の持ち主なら、遠慮しますよ。殺《や》ったら殺られるわけですから。

本郷　「自分たちは違う」という驕《おご》りがあるのか。それとも、何年後かには皆殺しになるかもしれないけれども、「今楽しいからいいや」と享楽《きょうらく》的なのか。そのへんがよくわからない。韓国では、朴槿恵《パククネ》前大統領が頂点をきわめたあと、塀のなかに落ちました。その前の李明博《イミョンバク》大統領は退任後に逮捕。盧武鉉《ノムヒョン》大統領も退任後に逮捕、投身自殺しています。古くは朴槿恵の父親・朴正熙《パクチョンヒ》大統領は暗殺、全斗煥《チョンドファン》大統領と盧泰愚《ノテウ》大統領は退任後に逮捕されています。それでもなりたいほど、大統領はおいしい職なのか。

井上　いや、わかりません。

日本のナンバー2の特徴

本郷　摂政・関白は会社で言えば専務、商家で言えば番頭です。ナンバー2が実際の権力を握るというのは日本に限ったことではなく、東洋でも西洋でも同じではないですか。

井上　中国の三国時代（魏《ぎ》・呉《ご》・蜀《しょく》が鼎立《ていりつ》した二二〇～二八〇年）、魏の曹操《そうそう》は当初漢《かん》の皇帝を立て、皇帝が生きているうちはその地位を簒奪《さんだつ》しませんでした。もちろん、周囲の者たちは「どうせ、おまえが奪うんやろ」と思っていたでしょう。それでも、皇帝を尊重する姿勢を見せたのは、そのほうが統治コストも安くてすむからです。簒奪した時に起こる混乱、それを鎮める大変さを考えると、とりあえず先代を担いでおいたほうが楽ですから。

本郷　そこで、考えなくてはならないのは、「万世一系」と言われるように、藤原氏の地位までも世襲されていったことです。鎌倉幕府で言うと、将軍に次ぐナンバー2である執権・北条氏の地位も世襲されました。ナンバー2が世襲されるというのが、日本の特徴なのかもしれません。

井上　本能寺《ほんのうじ》の変（一五八二年）のあと、織田信長の後継者を選ぶ清洲《きよす》会議で、羽柴《はしば》秀吉（豊臣秀吉）は信長の孫・三法師《さんぼうし》（織田秀信《ひでのぶ》）を担いで、「この方こそ正統であられる」とぶち上げた。言葉だけはおごそかな、しかししらじらしい発言です。権力を簒奪する下心《したごころ》が見え見えで、事実、秀吉は簒奪しました。やっぱり、あの時代は実力闘争だったのかな。

本郷　江戸幕府でナンバー2と言うと、幕末に大老を務めた井伊直弼《いいなおすけ》を輩出した井伊家が浮かびます。大老は常置ではなく、非常時に最高職・老中《ろうじゅう》の上位に置かれるもので、酒《さか》井《い》・土井《どい》・井伊・堀田《ほった》の四家から選任されました。江戸時代を通じて一二人が務めましたが、そのうち半数の六人が井伊家出身です。とはいえ、大老は名前だけで、実際の政治を行なっていたのは実力のある老中でした。しかも、老中は通常四～五人が月番で務め、その家柄も大老と同様に譜代《ふだい》大名に限られたもののはるかに数が多く、競争原理が働いていました。ですから、ナンバー2もお飾《かざ》りと言えるかもしれません。

官僚主導(摂関政治)と官邸主導(院政)

本郷　平安時代の朝廷の文書のなかで、天皇の命《めい》を伝えるものが「官宣旨《かんせんじ》」です。そこには「勅《ちょく》を承《うけたまわ》るに」という言葉が出てくるのですが、これは「天皇におたずねしたところ、こういう決定が下ったので、みなさんよろしく承知して実行してください」という意味です。しかし、実際には摂政や関白である藤原氏が代行していました。そして、院政期になると、上皇《じょうこう》が代行するようになります。

こうして、摂関家や上皇が政治の実質的な担《にな》い手になる形が整《ととの》えられていったのです。そういう意味では、ある種のシステムが形成され、それをぶち壊すような動きはなかなかできない。それは、争いを好まないというか、争いを最小限にとどめる知恵なのかもしれません。

井上　ヨーロッパの王たちは宮殿のバルコニーに姿を現わして、廷臣《ていしん》たちだけでなく、民衆にアピールすることもありました。いっぽう、日本の天皇は京都の御所《ごしょ》で御簾《みす》の奥にいて貴族たちの言葉を聞いていますが、自分の言葉は伝言の形で伝えます。御簾の奥に隠れることで威光を高める日本のスタイルと、姿を晒《さら》すことで力をアピールするヨーロッパのスタイルに、両者の違いが見られるのではないでしょうか。

本郷　現代でも、ヨーロッパの王族はオリンピックに出場してスポーツマンであるところをアピールしたり、自分の妻を連れて「俺のカミさん、きれいだろ」とアピールしたりします。それに対し、日本の皇族は控えめで、慎《つつ》ましやかです。

井上　御簾は、いつ頃から使われたのですか。

本郷　平安時代には、中国の垂簾聴政《すいれんちょうせい》（皇帝が幼《おさな》い時に皇后・皇太后が政治を行なうこと。皇帝のうしろに簾《すだれ》を下ろして控えたために、このように言われた）に擬《なぞら》えられていましたから、奈良時代ぐらいでしょうか。ただ、前述のように嵯峨天皇は鷹狩りをしたわけですから、活動的な天皇だったと言えます。摂関政治にも悪いところだけでなく、良いところもあると思いますが、朝廷の政策決定のあり方や政治形態を虚心坦懐《きょしんたんかい》に見てみると、それ以前に比べて後退しているように思えてなりません。やはり大いなる停滞の時期というのが、私の理解です。

井上　あくまで素人《しろうと》考えですが、摂関期（十〜十一世紀）は摂政・関白を中心とした官僚主導体制で、院政期は官邸主導という感じがします。上皇がお好みのお友だち、「森友」や「加計《かけ》」を活用するようになって、下品な時代にはなったけれども、能動的にはなったのだろうと。摂関期の岩盤規制には、穴をあけたんやないかな。

本郷　ええ、しかし日本には中国のような科挙《かきょ》制度がないので、官僚は存在しません。貴族が政治を行なっていたのだから、〝官僚的なるもの〟ですね。

ひ弱で内向きな平安時代

本郷　日本の政治には、常に外圧が大きくかかわっていると、私は考えています。平安時代になって、遣唐使《けんとうし》を派遣しなくなったことが大きかったように思います。

井上　榎本渉《えのもとわたる》（日文研准教授）さんによると、遣唐使の廃止以降も、海外との貿易は減っておらず、漢籍も仏教書も民間貿易にかかわる人たちが、たくさん持ち込んでいたそうです。つまり、わざわざ航海のリスクを冒《おか》して、公的な使節を送る意味はなくなっていたようです。だけど、中国や朝鮮からもう学ぶ必要がないということではないでしょう。

本郷　遣唐使を送らないという決定の背景に、国交を維持しなくてもいいという意識があったのではないでしょうか。同時に、朝廷や貴族は地方に対する興味も失っていきました。たとえば、武蔵国《むさしのくに》（現・神奈川県の一部、東京都、埼玉県）の国司《こくし》（地方官）に任命されても国衙《こくが》（役所）に赴任する者がいなくなり、京都で生活するようになりました。その背後には、「命まで賭《か》けて遠方に行くのなんてまっぴら御免《ごめん》」という感覚があったのだろうと思います。

井上　平安時代が人々をひ弱にしたと。

本郷　人々の活力を奪《うば》い、みんなが内向きになった。

井上　それでは、ほとんど「失われた二〇年」の現代史と変わりませんね。

本郷　年中行事の成立が、その好例です。古いものがいいもので、新しいものはよくないものという意識になっていった。

井上　それは伝統というより、先例主義ではないでしょうか。

本郷　いえ、積極的に過去を再現して見せようとしたのが、年中行事の根幹だと思います。行事を実施したからといって、別に何かいいことがあるわけではないですから。

井上 今、霞が関（官僚）が行なっていることも、一〇〇年、二〇〇年後に振り返ったら、「あれは、いったい何だったの」となるような気がするんやけども。

本郷 たとえば、アメリカのトランプ大統領が強く言うと、トヨタ自動車の社長が「アメリカに工場を作ります」と外圧に対応するわけで、外国との交渉で時代が動いていきます。平安時代には、そこまで国と国とのつきあいがないわけだから、日本は日本で適当にやっていればいいという考えになった。言うならば、日本版「モンロー主義（孤立主義）」です。

幻《まぼろし》の関東独立国

井上 九三九年、平将門《たいらのまさかど》が乱を起こした時、京都の公家たちは怯《おび》えたり、うろたえたりしたのですか。

本郷 いえ、自分たちが生きている世界とは違う世界の出来事と考えていたようです。

井上 そうすると、将門の「新皇《しんのう》」宣言が京都の公家たちの耳に入った時、彼らはこれをさぞや嘲笑《ちょうしょう》したことでしょうね。

本郷　公家たちは、おそらく「なに馬鹿なことを言っているんだ」と思ったでしょう。ただ、関東人の印象は違います。東京の神田明神《かんだみょうじん》や築土《つくど》神社の祭神《さいじん》は将門です。将門は、神になるだけの心象を関東人たちに残したということです。

井上　将門は地域のボスを宥《なだ》めたり、場を取り持ったりとかで、関東の調停役を務めましたが、ナンバー2が実権を握ったというようなことはありますか。

本郷　それはありません。手下はいましたが、ナンバー2はいませんでした。

井上　そうなると、将門はひとりで大変な仕事をこなしていたんやな。

本郷　私が絶望的になるのは、やはり新皇宣言です。要するに、京都の朝廷から借りてきた概念ですよ。だから、成功するわけもなかった。とはいえ、当時の朝廷には直轄軍がありませんから、将門を鎮圧したのは地方軍閥のボスである藤原秀郷《ひでさと》でした。そうなると、この国はひとつだったとは言えないのではないでしょうか。

井上　ほんとやね。京都の朝廷にしたら、将門はＩＳ（イスラム国）みたいなものだったかもしれません。そうなると、ふたつの国ですね。

本郷　ただ、くどいようですが、将門が新皇を名乗ったということは、京都を意識して朝廷を模範としているからこそです。

井上　京都の研究者は、将門だって京都に憧れていたのだという言い方をよくしますね。

本郷　将門の死から約九〇年後の一〇二八年、平忠常《ただつね》が関東で乱を起こします。忠常は上総《かずさ》氏や千葉《ちば》氏の先祖にあたる人物です。しかし、藤原道長の子の教通《のりみち》に仕えたことがあり、鎮守府将軍の経験もあった源頼信《よりのぶ》は、右大臣《うだいじん》の藤原実資《さねすけ》に対して「あいつは俺の家人《けにん》だから、一言言えば降伏する」と豪語して、実際にその通りになりました。だから、関東で独立するという感覚は結局、芽生《めば》えなかったのです。

日本には三つの国があった

井上　平安時代後期の約一〇〇年間、陸奥《むつ》国の平泉《ひらいずみ》（現・岩手県西磐井《にしいわい》郡平泉町）を拠点に繁栄した奥州《おうしゆう》藤原氏（清衡《きよひら》・基衡《もとひら》・秀衡《ひでひら》）については、どう考えていますか。

本郷　これは第四章で詳しく論じますが、天皇を中心とした権門体制論に対して、鎌倉幕府をもうひとつの国と見る東国国家論があります。つまり、ふたつの政権が存在するというものですが、奥州藤原氏は三つめの政権であるというのが私の考えです。

井上　基衡が、京都の平等院《びようどういん》に似た毛越寺《もうつうじ》を平泉に建立しました。そして、京都の研究者は奥州藤原氏も京都に憧れていたという面を強調すると思います。しかし、たとえばUAE（アラブ首長国連邦）の王たちが、ドバイに欧米も顔負けの摩天楼街をこしらえますよね。あれも西洋に憧れたためだけではなく、西洋のやることぐらいなら俺たちでもできるという執念の表われと見ることだってできます。

本郷　それは両面あるでしょう。

井上　文化的な面で京都の軍門に降《くだ》っていても、その志《こころざし》がどこにあるかというのはまた別のことです。

本郷　その通りです。ただ、東北の研究者たちに言わせると「奥州藤原氏は志が高く、奥州独立まで考えていた」という話になりますが、私はそこまではいかないだろうと思います。

井上　奥州藤原氏には、宰相のような人たちがいたのでしょうか。

本郷　京都で食い詰めた公家が登用されています。たとえば、藤原北家出身の藤原基成《もとなり》は陸奥守《むつのかみ》に赴任後、娘を秀衡に嫁《とつ》がせ外戚となり、土着しています。

井上　でも、その人たちは奥州の藤原氏を祭り上げて、自分たちが仕切っていたわけではないでしょう。日本史では、新しく伸《の》し上がった、たとえば平泉のような勢力は、そのようなことをさせないと思うのです。むしろ古くなって澱《おり》が溜《た》まってきたところのほうが、ナンバー2は力を発揮します。室町時代後期の下剋上《げこくじょう》など、その最たるものです。

本郷　でも、鎌倉幕府ではナンバー2の北条氏があっというまに実権を握り、世襲を始めましたよ。もちろん、それはあくまでも朝廷のやり方を真似たからできたと言われたら、反論できませんが。

井上　北条氏は、「もう源氏《げんじ》の将軍など必要ない」と判断したのですよ。ただ、将軍じたいを不要だとは考えない。実際、源氏本家が絶えたあとも、京都から将軍を迎えています。足利氏・新田《にった》氏など源氏の庶流や、千葉氏・三浦《みうら》氏など北条氏と同格の御家人がおり、いつ寝首をかかれるかわからないという不安だって、あったのでしょう。ひょっとしたら、源氏将軍を捨てたのは、担ぐ権威として「源氏では足りない」と思ったからかもしれない。

本郷　だから、五摂家や天皇家から将軍を迎えたのでしょう（藤原頼常《よりつね》・藤原頼嗣《よりつぐ》・宗尊《むねたか》親王・惟康《これやす》親王・久明《ひさあきら》親王・守邦《もりくに》親王）。本当は、後鳥羽《ごとば》上皇の皇子を迎えたかったのかもしれない。しかも北条氏は、位階（68〜69ページの図表2）は正四位《しょうしい》まで、貴《き》（三位《さんみ》以上の上級貴族）にはなりませんでした。つまり、「私は天皇の家来でございます」という姿勢を常に取っているのです。だから、北畠親房ですら、「自分の分際《ぶんざい》を知っている」と北条氏を誉《ほ》めています。

井上　源頼朝は、御家人が将軍を通さずに朝廷から官位（官職と位階）をもらうことを禁止しました。その決まりがある以上、北条氏だけ位階が上昇すると、周りのボスたちから「あいつ、何やねん」と睨《にら》まれることになりますね。

本郷　そこを自制できたという意味では、北条氏はすごい。

井上　朝廷の官位など、ただの飾りだと思っているのなら、そのような自制心はいりません。正四位にとどめておこうという配慮じたいが、朝廷の軍門に降《くだ》っているようなものですよ。

江戸時代の院政

井上　「あの人はなんとか業界の天皇だ」などと言われることがあります。しかし、現代の天皇は勅令《ちよくれい》すら出すことができず、力を持っていません。まさか、「あの人は業界の天皇だ」と言う時に、「あいつは無力だ」と言っているわけではないですよね。

本郷　逆に、オールマイティーという意味でしょう。

井上　つまり、私たちが「某業界の天皇」という言葉を口にする時、しばしば七、八世紀の天智天皇や天武天皇のイメージで話をしている。江戸時代の桃園《ももぞの》天皇や後桜町《ごさくらまち》天皇のイメージで話をしているわけではない。「あの人は社長から会長になって院政を布《し》いている」と言う時も、想起しているのは平安時代の院政であって、江戸時代の院政ではない。

本郷　モデルになっているのは平安時代後期あたりでしょう。院政という言葉にはやや悪

衛府《えふ》	大宰府《だざいふ》・弾正台《だんじょうだい》	国司《こくし》
大将《だいしょう》	帥《そち》	
	尹《いん》	
中将		
衛門督《えもんのかみ》	大弐《だいに》	
少将	弼《ひつ》	
兵衛督《ひょうえのかみ》		大国守《だいこくのかみ》
衛門佐《すけ》	少弐	上国《じょうこく》守
	大忠《だいちゅう》	
兵衛佐	大監《だいげん》 少忠	大国介《すけ》 中国《ちゅうごく》守
将監《しょうげん》	少監	上国介
衛門大尉《だいじょう》	大判事	下国《げこく》守
衛門少尉	大典《だいさかん》・防人正《さきもりのかみ》 大疏《だいしょ》	
兵衛大尉	主神《かむつかさ》	大国大掾《だいじょう》
兵衛少尉		大国少掾 上国掾
将曹《しょうそう》	博士《はかせ》	
	少典・医師《くすし》 防人佑《すけ》・少疏	中国掾
衛門大志《だいさかん》		
衛門少志 兵衛大志		大国大目《だいさかん》
兵衛少志		大国少目 上国目

図表2　官位相当制

位階＼官職				神祇官《じんぎかん》	太政官《だいじようかん》	中務省《なかつかさ》	中務省以外の省
貴族	貴《き》	正《しよう》一位 従《じゆ》一位			太政大臣《だいじようだいじん》		
		正二位 従二位			左右大臣 内《ない》大臣		
		正三位			大納言《だいなごん》		
		従三位			中納言		
	通貴《つうき》	正四位	上			卿《きよう》	
			下		参議《さんぎ》		卿
		従四位	上		左右大弁《だいべん》		
			下	伯《はく》			
		正五位	上		左右中弁	大輔《たいふ》	
			下		左右少弁		大輔 大判事《だいはんじ》
		従五位	上			少輔	
			下	大副《たいふ》	少納言	侍従《じじゆう》	少輔
官人《かんじん》		正六位	上	少副	左右弁大史《べんたいし》		
			下			大丞《だいじよう》	大丞 中判事
		従六位	上	大祐《たいじよう》		少丞	少丞
			下	少祐			少判事
		正七位	上		大外記《だいげき》 左右弁少史	大録《だいさかん》	大録
			下			大主鈴《だいしゆれい》	判事大属《だいさかん》
		従七位	上		少外記		
			下				
		正八位	上			少録 少主鈴	少録
			下	大史《だいし》			判事少属
		従八位	上	少史			
			下				

いイメージがあります。そして、このイメージを突き詰めると、上皇は裏で糸を引いている黒幕的存在ということになります。

井上　後嵯峨《ごさが》上皇でしょうか。

本郷　白河《しらかわ》上皇や後白河《ごしらかわ》上皇ですね。特に、白河上皇は無駄遣いが目立っただけでなく、自分が手をつけた女性（藤原璋子《たまこ》）を孫（鳥羽《とば》天皇）の嫁にしています。

二〇一七年、今上天皇が生前退位後、何とお呼びするか議論になったことがあります。歴史を齧《かじ》っている身《み》としては、「上皇」以外にないだろうと思ったのですが、「先の天皇」など、わけのわからない名前が候補に上がりました。

井上　平安時代のように、「平成院」ではだめですか。

本郷　それは、候補にすら入っていませんでした。もしかすると、上皇という言葉に前述のようなイメージがあり、他の候補を探したのかもしれません。あくまで推測ですが。

平清盛は白河上皇の子か

井上　やはり、崇徳《すとく》天皇は白河上皇の子なのですか。

本郷　それはわかりません。

井上　本郷さんは、平清盛が白河上皇の子であるという説については声高《こわだか》に否定されるのに、おかしいなあ。

本郷　崇徳天皇が白河上皇の子かどうかについては、はっきり言ってどちらでもいいと思っていますが、清盛については、どちらでもいいというわけにはいきません。これは歴史的解釈にも影響するので、きちんと述べておかなければいけないと思って、反対しているのです。

井上　豊臣秀頼《ひでより》が秀吉の子かどうかもわからないですね。

本郷　はい。

井上　ルイ十四世がルイ十三世の子かどうかも、あやしい。今のは余談ですが、清盛を白河上皇の落胤《らくいん》だと言えば、武力の本質が見えてこないと本郷さんは主張される。でも、意地悪く言うと、そのご指摘はふだん唱えておられるもうひとつのご主張と、矛盾《むじゅん》を来《きた》しませんか。武力の本質が見えないという歴史解釈のゾルレン（当為、すべきこと）に従って、歴史の事実というザイン（存在、あること）を左右させてしまっているかもしれないとは思われませんか。

本郷　思います。しかし、鎌倉幕府を考えるうえで、朝廷の武力も考えたいと思っているのです。だから、源頼朝ではなく平清盛を武家政権の第一号と考えるのが、高橋昌明さんへのサービスのつもりなのですが、高橋さんはなかなかわかってくれない。

井上　高橋さんが言っているのは、平氏も幕府だったという考え方ですね。もうすこし一般的な話をしましょう。清盛は京都にいたため武人としては腑《ふぬ》抜けになった。平氏の公達は歌を詠《よ》み、舞《まい》を舞い、笛を吹く。これは武人にあるまじき堕落《だらく》である。いっぽう、頼朝は京都に行こうとせず、鎌倉に踏みとどまった。その結果、武士として健全であり続け、鎌倉幕府を作った――などと言われます。しかし、この考え方だと、京都で育ったら人間は腑抜けになるということになりませんか。

本郷　確かにそうですね。

井上　序のところで、なぜ海賊だけ関西弁なのかと問いかけましたが、これもひどい差別やないですか。

本郷　京都の魅力と言うか、魔力と言うか、その磁力は相当大きいと思うのです。

井上　話を院政に戻すと、摂関政治がどん詰まりとなって出現した院政は、言わば官邸主導の政治運営ですよ。摂関政治のやり方、あるいは京都がそれまで営々と積み重ねてきて腐《くさ》りかけたしきたりにとらわれず、上皇がみずからの判断で決めるというわけですから、ある意味で進取の気性《きしょう》もあったのではないでしょうか。

本郷　摂関政治と院政の連続性を見る、井上さんのご指摘については私も大賛成です。では、上皇がどのような人間を自分の手足として使ったかと言えば、前述のように日本では科挙がありませんから官僚がいなかったので、貴族のなかで使えそうな人材をピックアップしたわけです。それまでは、それこそ偉くなる人は家柄でガチガチに決められていた。その枠組みにこだわらず、仕事ができる人を下からでも連れてくる。何をすべきかを自分で考えて、自分が連れてきたスタッフを使って実行したという意味では、官邸主導という指摘は当たっているかもしれません。

井上　官邸主導の院政が、摂関家の作った岩盤規制を解体するなかで、喧嘩《けんか》に強い武士たちもまた地位を上げていったということなのではないでしょうか。

本郷　井上説に立てば、院政のなかで喧嘩プロパーの専門家が「武家の棟梁《とうりょう》」に伸《の》し上がったということになりますね。

第三章

武士と武芸の源流

源氏・平氏は傭兵《ようへい》集団

井上　院政期の源氏・平氏について、聞きたいことがあります。本郷さんは二〇一〇年の著書『天皇はなぜ万世一系なのか』のなかで、「源氏や平氏のような武士団を朝廷直属の正規の軍隊と解するか、それとも単なる傭兵集団ととるか、意見が分かれるところですけれど、ここでは判断を保留します」と書かれています。

ところが、二〇一八年の著書『日本史のツボ』では、「はじめに自分たちの力に目覚めた武士たちは、白河、鳥羽（一一〇三―一一五六）、後白河上皇らに仕えた傭兵集団でした。それが源氏であり、平家です」と書かれている。これは、どのような葛藤《かっとう》があって判断を変えられたのでしょうか。

本郷　私は一貫して源氏や平氏は傭兵集団と認識していたのですが、何かの弾《はず》みで「判断を保留します」と書いてしまったのでしょうねえ。傭兵集団ととらえるのは、石母田正《いしもだしょう》さん（法政大学名誉教授、故人）の考えです。四七六年にローマ帝国（西ローマ帝国）を滅ぼした傭兵隊長オドアケルをイメージしていて、傭兵隊長が王になるという発想です。私は平清盛も同様に認識しています。平安時代の朝廷は中央集権と言いながら、中央集権を成立させる常備軍もなければ、官僚もないという非常にユニークな政治権力なのです。

井上　そうなると、不思議なのは飛鳥時代から平安時代初期の朝廷です。直《じか》に軍を動員して、壬申の乱を起こすぐらいの力はありました。その後、軍事にはたずさわらなくなり、新しく武士が登場することとなります。それでは、平安時代初期までの「もののふ」と平安時代後期の武士は、何が違うのでしょうか。これはそれこそ、日本史に古代があるか否《いな》かという議論につながる話です。

本郷　たとえば、白村江《はくそんこう》の戦い（六六三年、倭・百済《くだら》軍と唐・新羅《しらぎ》軍の戦い）の軍勢と源平《げんぺい》時代の武士団がどう違うかと言えば、兵士としての訓練を受けているかいないかです。近代の軍隊における将校のような兵を指揮する軍人、つまり在地領主（生産現地にいて強い勢力を持った領主層。現地にいない荘園領主と区別される）がいるかいないかですね。

井上　確かに白村江の戦いを見ると、訓練を受けた兵士の戦闘とは思えないような負け方をしていますが、壬申の乱も同じですか。

本郷　私はそう考えています。

戦闘技術の違い

本郷　弓矢というのは扱いが難しく、相当訓練していないと当たらないものらしい。壬申の乱で動員された兵士たちは、おそらく弓矢を持っていても、まともに戦えなかったと推測します。

井上　そうすると、「倭国大乱《わこくたいらん》（二世紀後半に起こったとされる争乱）」は、大乱と言うほどのものではなかったと。

本郷　いえ、彼らにすれば大乱だったと思います。

井上　彼らと言っても、『後漢書《ごかんじょ》』や『魏志倭人伝《ぎしわじんでん》』（正式名称・『三国志《さんごくし》』魏書《ぎしょ》「烏丸鮮卑《うがんせんぴ》東夷伝《とういでん》」倭人《わじんのじょう》条）の記述ですから、中国人の見方ですよね。

本郷　いえいえ、争っている当事者にとっては大変な乱だったということですよ。ただ、争う際に相手を倒す技能がまったく違い、上手下手で言えば下手だった。戦闘技術がかなり稚拙《ちせつ》であったということです。だから、殺し合いになったわけです。

井上　そうすると、中世は武芸が生まれた時代ということになるわけですか。

本郷　そうかもしれません。武芸をもっと具体的に言えば、馬に乗る技術と弓を扱う技術です。このふたつが、鎌倉時代の御家人に必須の技能でした。

井上 日本人のルーツが騎馬《きば》民族であるという騎馬民族説は基本的に否定されていますが、馬が伝来したことじたいはまちがいではない。ただ、馬を乗りこなせる人は、当初そんなにいなかった。だから、馬を操《あやつ》る技も武芸になるということでしょうか。

本郷 摂関期の貴族たちも馬に乗っていましたから、その判断は難しいところです。鎌倉幕府が編纂した史書『吾妻鏡《あずまかがみ》』を読むと、幕府が御家人たちを集めて狩りを催《もよお》すことで、連帯感を強めていることがわかります。武士たちは山林や草原で馬に乗りながら狩りができるほどに、弓矢の腕前を上げていたわけです。それなら、倭国大乱が起こった弥生時代と同じかというと、そうではありません。在地領主は、そのような武士たちを一〇〇人規模で戦場に連れてくることができたのに対し、弥生時代では軍事指揮・統率をできる者がいなかったと思います。

在地領主の誕生

井上 その在地領主について、疑問があります。飛鳥時代から奈良時代までは「在地首《しゅ》長《ちょう》」ですが、平安時代くらいから「在地領主」と言い方が変わります。両者は、どこが違うのでしょうか。

本郷 在地首長は古代の概念です。ムラやクニの支配者であり、その地に土着していた豪族のことです。いっぽう、在地領主は平安時代中期以降、新たに山林原野を開墾して作った田畑の所有者、つまり開発領主のことです。律令制のもとで生まれ、勢力を伸《の》ばしました。

井上 フランク王国の国王は早い時期に、東ゲルマンの森林について「ここは王の土地である」という宣言をしました。

本郷 シュバルツバルト（現・ドイツ南西部の「黒い森」）ですか。

井上 特定の地名ではなく、狼《おおかみ》がいて、とても人が入れそうもない森です。そのような場所を「王の土地である」と宣言しても、在地の領主たちは文句を言いません。そして、そのような土地に恐る恐る入り、木を切り倒して耕作する。農作物が収穫できる状態になると、王から封土《ほうど》（主君が家臣に与えた土地）としてそれをもらい、代わりに貢物《こうぶつ》を差し出す。こうして、彼らは封建領主になっていったのです。日本の森もたやすく入れるようなところではなかったでしょうから、ヨーロッパと同じような展開があったと見ていいのでしょうか。

本郷　いいと思います。ただ、私と京都の研究者たちの間には、開発領主のイメージについて意見の相違があります。京都の研究者たちにとって、開発領主は京都から地方に赴任してきた中級の官吏という認識です。律令制下、各役所は幹部職員を長官《かみ》・次官《すけ》・判官《じょう》・主典《さかん》の四段階で分けていました（四等官制《しとうかんせい》）。たとえば、武蔵国の国司として大掾《だいじょう》（判官）だった人が京都に帰らずに土着して、国司時代の人脈や財力を使って大々的な土地開発をする。そのような人たちが武士になっていくわけだから、武士の源流は京都から来た貴族ということになるわけです。

井上　中央では家柄的に出世できないため、都落《みやこ》ちした貴族たちが武士だと。

本郷　だから、武士は結局のところ都を志向するし、朝廷の命令に従うのです。

井上　傭兵になってくれと言われれば、唯々諾々《いいだくだく》と受ける。

本郷　そのような感覚です。だから、前述の平将門をはじめ、平氏一門が関東に盤踞《ばんきょ》していた時代がありました。関東で利益を上げた平氏はどうするかというと、より都に近い伊勢《いせ》（現・三重県の一部）あたりに本拠を移すのです。そして、その後に源氏が関東に入る。だから、関東の大きな在地領主である三浦氏、上総氏、千葉氏などはみな平氏の子孫であるという論の展開になるわけです。

しかし、私の説はそうではなくて、田中角栄《たなかかくえい》のような人物がいたに違いない。大学を出ていなくても（貴族出身の国司でなくても）、地元で力をつけて伸《の》し上がる。つまり、田堵《たと》（荘園の耕作請負人《うけおいにん》。継続して請け負うことで権利を強化、所有権を持つ名主《なぬし》に成長した）や名主みずからが開発して、在地領主になったと考えるわけです。

井上 飛鳥時代の基準で言えば地域のボスですね。つまり在地首長が開発を進めることで在地領主になったと。

王土王民《おうどおうみん》思想

井上 そうなると、本郷説では、在地首長と在地領主のあり方はさほど変わらない。

本郷 在地首長と言われている人たちの子孫である地域のボスが、何かチャンスがあった時に土地開発をしていくということになるかもしれません。

井上 彼らは、王土王民《おうどおうみん》思想（すべての土地とすべての人民は王のものであるとする思想）を受け入れたのでしょうか。ゲルマンの森林開発をした人たちは「王の土地である」という宣言を受け入れて、王に対する忠誠を誓《ちか》い、王から土地をもらう代わりに貢物を出すという形を取っています。まあ、形だけはね。

本郷　問題は、彼らが受け入れたかどうかではなく、開発を許可する相手側です。それが日本の場合は国衙《こくが》であり、国衙の役人は公地公民《こうちこうみん》（すべての土地とすべての人民は天皇に所属する制度）を言うと思います。「おまえらが土地を開発しても、おまえらに全部やるわけではない。基本的には天皇の土地なのだから、しかるべき税は払えよ」と繰り返し言われていたのではないでしょうか。その時、私たちの感覚では「何の力も助けも借りずに開発したのに、なぜ税を払わなければいけないのか」となります。しかし、実際には荘園ができる前も、できたあとも税を払っているわけです。

井上　その頃の関東平野に、狩猟採集民はいなかったのでしょうか。

本郷　網野善彦《あみのよしひこ》さん（神奈川大学特任教授、故人）は、たくさんいたと主張されています。しかし私は、副業として狩猟採集に従事していた人はいたけれども、狩猟採集だけで暮らしていた人はあまりいなかったように思います。

井上　狩猟採集民は土地を所有するという考えを持たないので、もしいたならば、網野さんが言う「無縁《むえん》（世俗権力の私的支配下にない状態）」が関東平野で想定できるのかなとも思いました。

本郷 その可能性はありますね。でも、私はそこまでは考えません。

井上 イギリスの植民地政策を見ると、アメリカでもオーストラリアでも狩猟採集民のいるところへ行き、「ここは女王の土地である」「ここは国王の土地である」と宣言し、そこから収奪を始めました。だから、入植者たちは悪いことをしているという感覚があるいっぽう、王のためという名目があるため、相当に酷《ひど》いこともできました。狩猟採集民を蹴散《けち》らしたりしてね。その代わりに、彼らの横暴を正当化してくれる王へ見返りを差し出すというようなことが、続いたわけです。

本郷 ヨーロッパの植民地政策と日本の動きがどのようにリンクするのですか。

井上 関東平野にも、土地を所有しない、「無縁」に生きる狩猟採集民がいたとします。開発領主は、彼らを追い出して、土地を収奪するわけです。おまえら、そこをどけ、ここは王の土地だと言いながら。そして、彼らの私的な略奪へ口実を与えてくれる王権に、何ほどかは感謝する。それが、国衙や朝廷への貢物につながったんやないか。王権は領主からただ取りしたんじゃあない。領主の占有を公認する、その対価を取っていた。

さらに、付け加えれば、王権と開発領主は狩猟採集民を蹴散らす、その共犯者だったかもしれないと思うんです。

武芸の発祥地はどこか

井上　高橋昌明さん風に言えば、弓矢の扱いや馬のあしらいなど、武芸のほとんどは京都で編《あ》み出されたということになります。でも、ひょっとしたら、森林のなかで暮らしていた狩猟採集民の弓矢の技術が、関東の武者たちに影響を与えた可能性はないでしょうか。

本郷　その場合、馬を操《あやつ》る能力はどうなりますか。

井上　奈良時代の牧《まき》（兵部《ひょうぶ》省の管轄による牛馬を飼育する土地・施設）は関東平野にもありました。馬は関東にもいたわけですから、そこで学んだのではないでしょうか。

本郷　馬に乗る技術は弥生時代からありました。だから、地元発の技能もあったに違いない。そうであれば、弓矢を使う技能も地元発であったはずですね。

井上　武芸も京都発だったという説にうっちゃりをかますとしたら、森に暮らした狩猟採集民の技能だと私は思うのですが。

本郷　ウィリアム・テル（十四世紀にスイス独立運動で活躍した英雄。弓の名人で、息子の頭上のリンゴを弓で射《い》た逸話は有名）のようなイメージですか。

井上　あるいは、ロビン・フッド（十二〜十三世紀のイギリスの伝説上の英雄。弓を用いて強欲な僧侶や富裕な貴族を襲い、奪った富《とみ》を貧民に与えた）ね。

本郷　そのあたりは、石井進先生が好きな山の民、川の民《たみ》という話になるんだろうなあ。

井上　文献的に辿《たど》れば、武芸のルーツは京都だったということになるんでしょうか。

本郷　武芸のルーツを考える場合、剣術の成立とパラレルに考えることはできるかもしれません。そうなると、吉岡《よしおか》流（山城《やましろ》国（現・京都府の一部）の吉岡直元《なおもと》が創始。足利将軍家の指南役を務めた）、柳生新陰流《やぎゅうしんかげ》（大和《やまと》国（現・奈良県）の柳生宗厳《むねよし》が創始。徳川将軍家の指南役を務めた）など、京都・奈良で生まれた剣術を挙げることができます。そのいっぽうで、新当《しんとう》流（常陸《ひたち》国（現・茨城県の一部）の塚原卜伝《つかはらぼくでん》が創始）のように、関東で生まれている剣術もある。だから、必ずしも京都が本場とも言えない気がします。

また、小笠原《おがさわら》流（小笠原氏の祖・小笠原長清《ながきよ》が創始）は弓術・馬術として始まり、小笠原長秀《ながひで》の頃に武家礼法として集大成されていきました。その前段階では、さまざまな場所で、それぞれのやり方で技能が洗練されていったように思います。ただし、それを証拠立てるものがあるかというと、今考えたところでは思いつきません。

井上　東北地方の蝦夷《えみし》が狩猟採集民だったかどうかはわかりませんが、律令軍が蝦夷から武芸を学んだ可能性もあるのではないですか。敵と戦う間に、敵の戦法を学習するといったことが。

本郷　そうですねえ。ふと思ったのですが、これまでの議論は、私と井上さんがおたがいに相手の立場に立って、相手の仮説を補強する材料を出し合っているような展開ですね。その延長線上で言うならば、実は鎧兜《よろいかぶと》を作る技術の源流は奈良なのです。そうすると、武具や武器なども畿内が先進地だったということになるかもしれません。

武家と公家の埋められない差

井上　ここでいったん、狩猟採集民や武芸の議論から離れましょう。武士も煎《せん》じ詰めると、武家になります。祖先の名を継いでいますから。もちろん、継承の形はさまざまでしょうが、要するに小型の武闘派貴族ではありませんか。

本郷　そうとも言えますね。その主張を打ち破るのは難しいな。

井上　もし、そういう見方をした時、公家と武家の本質的な違いをどこに見出したらいいと思われますか。

本郷　平氏を例に見てみましょう。平氏には臣籍降下《しんせきこうか》（皇族が姓を与えられ臣下になること）した順に、桓武《かんむ》平氏・仁明《にんみょう》平氏・文徳《もんとく》平氏・光孝《こうこう》平氏の四流があります。桓武平氏は高棟王《たかむねおう》と高見王《たかみおう》の二流に分かれますが、高棟王は平《たいら》姓を得て公家の堂上《とうしょう》家となりました。堂上家とは、御所の清涼殿《せいりょうでん》への昇殿《しょうでん》を許された家柄で、公卿《くぎょう》（太政大臣《だいじょうだいじん》・左《さ》大臣・右《う》大臣、大納言《だいなごん》・中納言《ちゅうなごん》、参議《さんぎ》）になることができます（図表3）。いっぽう、高見王の子孫が武家の棟梁《とうりょう》となった平清盛です。

井上　でも、それは両方がズルズルとつながっているような気もします。スキーのジャンプ競技で言うK点みたいな基準はあるけれども、結局九五メートルか、あるいは一〇二メートルという程度の違いではないですか。

本郷　確かにそうです。ただ、そこはものすごくうるさいのです。清盛の父・忠盛《ただもり》は白河上皇や鳥羽上皇に尽くしますが、なかなか昇殿を許されません。昇殿をやっと許されたと思ったら、妬《ねた》んだ公卿たちの闇討ちに遭《あ》います。そして、公卿になれずに死んでいきました。公家と武家の間には、それほど大きな違いがあるのです。それはおそらく、京都という磁場を離れて在地に出向して生活したことが大きく作用していたかもしれません。

図表3　公家(堂上家《とうしょう》)の家格

摂関家《せっかん》……大納言・右大臣・左大臣を経て、摂政・関白・太政大臣まで昇進
(五摂家)

近衛、九条、鷹司、二条、一条

清華家《せいが》……近衛大将・大臣を兼任し、太政大臣まで昇進

久我、三条、西園寺、徳大寺、花山院、大炊御門、今出川、広幡、醍醐

大臣家《だいじん》……太政大臣まで昇進できるが、近衛大将は兼任できない

中院、正親町三条(嵯峨)、三条西

羽林家《うりん》……近衛少将・中将を経て、大納言まで昇進

正親町、滋野井、姉小路、清水谷、四辻(室町)、橋本、河鰭、阿野、花園、裏辻、梅園、山本、大宮、武者小路、小倉、風早、押小路、高松、西四辻、園池、藪(高倉)、中園、高丘、中山、飛鳥井、難波、野宮、今城、中御門(松木)、園、東園、持明院、高野、石山、壬生、石野、六角、四条、鷲尾、油小路、櫛笥、山科、西大路、八条、上冷泉、下冷泉、藤谷、入江、水無瀬、七条、町尻、桜井、山井、堀河、樋口、六条、久世、岩倉、千種、梅溪、愛宕、東久世、植松、庭田、綾小路、大原

名家《めい》……弁官《べんかん》を経て、大納言まで昇進

日野、広橋、柳原、烏丸、竹屋、日野西、勘解由小路、裏松、外山、豊岡、三室戸、北小路、甘露寺、葉室、勧修寺、万里小路、清閑寺、中御門、坊城、芝山、池尻、梅小路、岡崎、穂波、堤、平松、長谷、交野

半家《はん》……大納言まで昇進

高倉、富小路、竹内、五辻、慈光寺、白川、西洞院、石井、高辻、唐橋、五条、東坊城、清岡、桑原、舟橋、伏原、澤、土御門、倉橋、藤波、吉田、萩原、錦織、藤井、錦小路、北小路

京都から追放されると怨霊《おんりよう》になる⁉

井上　ちょっと脱線しますが、お話を聞いていて思いついたのが怨霊《おんりよう》信仰です。怨《うら》みを持った人は怨霊あるいは悪霊となって祟《たた》るため、その祟りを鎮めるというものです。ところが、京都で怨霊になった有名どころを見ると、ほぼ全員、京都から追放されている人たちです。京都で亡《な》くなった人はあまり怨霊になっていない。だから、もっともつらいのは、京都から追い出されることとです。これはすごい町やな。

本郷　今の話を補強すると、「徳」の字がつく天皇の多くがそうです。崇徳天皇（一一五六年に保元《ほうげん》の乱を起こすも敗北。讃岐《さぬき》〔現・香川県〕に配流《はいる》）、安徳《あんとく》天皇（一一八五年の壇《だん》ノ浦《うら》の戦いで平氏一門とともに入水《じゆすい》）、順徳《じゆんとく》天皇（一二二一年の承久の乱にかかわった罪で佐渡《さど》〔現・新潟県〕に配流）などです。後鳥羽上皇も実は顕徳天皇という名前になるはずでした。

笠松宏至《かさまつひろし》さん（東京大学名誉教授）によれば、徳政令《とくせいれい》（債権・債務の破棄を命じる法令）の元の言葉は「商返《あきかえ》し」で、本来持っている人のところに返すことを意味します。「徳」にはあるべきところに戻すという意味があるのです。ですから、天皇に「徳」の名をつけていることは、名前だけでもあるべきところ、つまり京都に戻して怨霊を鎮めることを意味しているのです。

井上　でも、都で怨みを飲みながら死んだ人は祟らず、配流（島流し）になったりして京都から離された人が怨霊になるというのは、あんまりやないですか。

本郷　それだけ京都が特別な土地だったということですよ。菅原道真《すがわらのみちざね》だって、左遷されたといっても、大宰府《だざいふ》の大宰権帥《だざいのごんのそち》（長官代理）ですから、とてもいいポストです。今で言えば、九州七県の知事を束《たば》ねている役職じゃないですか。それで怨むというのはよほどのことだと思います。だから、私の持論に引きつけるなら、都と地方がいかに違ったものだったかという例証のひとつになります。

井上　一一〇〇年以上も続いている京都の祇園祭《ぎおんまつり》は怨霊を鎮める祭りで、「山鉾《やまぼこ》」と呼ばれる山車《だし》は悪霊を呼び寄せる依《よ》り代《しろ》なのです。

本郷　そうなのですか。知りませんでした。

井上　街中を巡行するのですが、街を回ることで、悪霊を街の外へ追い出すのです。京都の外は悪霊のいるところ。だから、追放された者は怨霊になる。その悪霊が追い出された場所、つまり洛外《らくがい》で、私は生まれ育っている（笑）。何て、ひどい祭りや。

本郷　そのあたりが、京都の恐ろしいところです。京都さえよければいいのですかね。

安上がりな常備軍

井上　石母田正さんが京都に対して「こんな町は、日本史になくてよかった町だ」と言い切ったのも、わからなくはありません。でも、京都がそこまで特別な町だとすると、下級貴族が京都から離れ、地方で自分なりの勢力を築いて「自分はここで生きていこう」と決めても、院から声をかけられたりすると、やはり喜び勇《いさ》んで上京したんでしょうね。

本郷　こんなことを言うと「おまえ、ウソつけ」と言われそうですが、私は東京を離れて地方に行きたい願望がすごく強いです。どうせ暮らすなら、夏は富山、冬は静岡や沖縄がいいなあと夢想しています。

井上　お好きなAKB48と離れても、ですね。東京では、彼女たちと触れ合う機会も保っておられるようですが。平安時代に朝廷が地方を軽視したのは、次官《すけ》や判官《じょう》などの中級官吏に地方を任せても、いざという時はみんな京都に戻ってくるし、呼び寄せる自信があったからかもしれません。あいつらは京都に憧れているのだから、何とでもなると。

本郷　それはあるのかなあ。ただ、京都に憧れるだけの教養を持っていないとだめですね。

井上　在地領主の多くが京都から都落ちした人たちだとしたら教養があり、京都に憧れている人たちでしょう。そこにつけこんだのが院政だったということです。

本郷　ひと声かければ、都に馳《は》せ参じる。そうなると、やはり彼らは傭兵ですね。だから、常備軍とほとんど変わらない。

井上　コストが安い常備軍やね。兵力維持の人件費は、地方経営の上がりでまかなわさせるわけですから。

本郷　常備軍は金がかかるので、なるべく減らしたいというのが古今東西、国家の常《つね》です。だから、この議論が当たっているとすると、朝廷は究極の常備軍のあり方を示したと言えます。京都をピカピカに光らせておくことで、文化でも経済でも軍事でも、すべてが京都に集まるようになっていたわけです。夜になると虫が灯火に群《むら》がるように、ひと声かけたら京都に集まってくるという感じだったのでしょう。

女官の誘惑

井上　京都の魅力のひとつに、女官《にょかん》（天皇の妻妾《さいしょう》が住む後宮《こうきゅう》に仕える女性）があります。警備の武士たちは、簾《すだれ》を通して仄《ほの》かに見えるおねえさんたちに恋焦《こいこ》がれたことでしょう。今で言えば、彼女らはオスカープロモーションのモデルみたいなもんです。あるいは、銀《ぎん》座《ざ》のクラブで働くホステスさんかな。その魅力は武士が馳せ参じるモチベーションになったと思います。まさに、武力を安上がりで動員できる装置です。

本郷　源頼朝が偉いのは、そこです。自制して京都から離れた。京都にいると堕落するからではなく、京都の魅力がものすごく強烈だから、院の走狗《そうく》になってしまうことを理解していた。

井上　妻の北条政子《まさこ》が怖かったのではないでしょうか。

本郷　いえ、怖くはなかったでしょう。政子は政治というものを理解していた女性でしたから。

井上　京都の宮廷が武士を手元に置いたのは院政の頃からですが、町娘《まちむすめ》をリクルートして宮廷のカバーガールにする勢いが強まったのも院政期だと思うのです。このふたつは補完関係にある気がします。武力を動員する魅力的な女官たちという、このアイデアが浮かんだのは若い頃、東京に滞在した時です。

建設会社の重役さんに、銀座のクラブへ連れて行ってもらったことがあります。そこには、某政治家の取り巻きが大勢いて、酒を飲んでいました。地方から来た陳情団です。昼間は政治家に付き添われて霞が関で陳情に回り、夜は銀座でおねえさんたちとはしゃいでいる。「あなたたちは何をしに東京へ来ているのか。本当に陳情で来たのか」と疑念を持ちました。地方の陳情団を惹《ひ》きつける首都の「おねえさん力」にも、気づかされたわけです。女たちは、男を動かす、と。おそらく、その政治家が飲み代《しろ》を持つことで、選挙の時は「頼むぞ」ということになる。

本郷　そういうことでしょうね。

井上　でも、政治学の論文はいっさい女性による接待の効果へ触れないじゃないですか。日本史の研究も、京都が持っていたかもしれない「おねえさん力」に触れませんね。

本郷　触れられないですね。私たち歴史研究者の建前は「歴史学は科学でなくてはならない」ということですから、おねえさん力を測る尺度を持たない以上、論文は書けません。

井上　確かにエビデンスはないけれども、みな自分の胸に手を当てたら、すぐにわかることじゃないですか。自分たちがどれだけそういう幻想に踊らされてきたか。

妻の色香も戦術のうち

井上　新田義貞《よしさだ》は、後醍醐天皇から天皇に仕える女たちのひとり、勾当内侍《こうとうのないし》をチラつかされて、腑抜《ふぬ》けになってしまった。惚《ほ》れぬいた彼女を下げ渡され、後醍醐天皇の忠実な家来になるわけです。やはり、後醍醐天皇ってひどい人やなと思います。新田義貞に宮廷警備を頼むでしょう。それって、女官たちを見せつける行為でもあったわけじゃあないですか。美女の姿をエサにして、武力を味方につけるということでしょう。

本郷　でも、結局は自分で自分の首を絞《し》めることになりました。それにしても、京都の美女は桁違《けたちが》いにきれいだったのだろうなあ。英雄色《いろ》を好むと言いますが、何百年経《た》っても人間は変わらないですねえ。

井上　院政期には、とりわけ女性を使うことでエネルギーを注《そそ》いだ気がします。

本郷　これはエビデンスがありますが、前述の藤原璋子が美しい女性だったため、崇徳天皇や後白河天皇、統子《むねこ》内親王など兄弟はみんなイケメン・美女ばかりでした。

井上　中世ヨーロッパにも、騎士たちの恋愛物語があります。騎士たちが領主の奥方に実らぬ思いを寄せるというのが、恋愛文学の王道とされます。でも、私の考えはちょっと違います。妻は、領主が騎士たちを引きつけるエサではないのか。チョウチンアンコウのチョウチンではないか。

本郷　そうならば、高等戦術ですね。

井上　だから、領主は武力を高めるためにも、美人の妻をもらわないといかんのです。日本でも、在地領主たちが京都勤務の間に、京都のおねえさんを射止《いと》めて、地元に連れて帰ることはあったでしょう。説話には、よくそういう話が書かれています。平安時代末期だと、失礼な言い方ですが、関東平野に洗練された女性はそういなかったのではないでしょうか。

本郷　いや、レベルが低かったと思いますよ。顔はともかく、出《い》で立ちやお化粧などは。北条政子もそのひとりです。

井上　ふるまいや優雅さもそうでしょう。在地領主たちは京都で下げ渡されたおねえさんを、しばしば自分の領地に連れて帰りました。そして、地元の領民を惹《ひ》きつけたわけです。だから、日本全国にそういうおねえさんたちがいただろうと私は考えています。小野《おのの》小町《こまち》伝説というのがありますね。柳田国男《やなぎたくにお》さん（民俗学者、故人）の説では、小町を名乗る演劇集団が全国を巡業したので、小町伝説が全国に見られるという。でも、私が考えるに、あれは京都の王朝で暮らしていたおねえさんが請《こ》われて全国各地へ移り住んでいった痕跡《こんせき》なのです。

本郷　可能性としては十分にありますね。

井上　『小倉百人一首《おぐらひやくにんいっしゅ》』にある、小野小町の有名な歌を引用しましょう。

花の色は　移りにけりな　いたづらに　わが身世《みよ》にふる　ながめせしまに

（花の色が色あせてしまったのと同じように、私の容姿も衰《おとろ》えてしまいました。長雨を眺《なが》め、むなしく恋の思いにふけっている間に）

これを、現代に置き換え、読み解いてみます。たとえば、群馬県桐生市《きりゅう》のバーに昔はさぞやきれいだったろうと思われるおねえさんがいた。経歴を聞くと、元は銀座のクラブでナンバーワンやったと。「だけど若い娘《こ》が入ってきて彼女がチヤホヤされる。すこし疲れてきていたところに、桐生市の旦那《だんな》が声をかけてくれたの」といった物語が、あの歌に込められているのではないでしょうか。論証はもちろんできませんけど。

本郷　いや、論証するならば、今の人の動きをエビデンスにできるかどうかでしょうね。

たとえば、銀座の女性が売れなくなると錦糸町《きんしちょう》あたりに流れる。錦糸町で通用しなくなると小岩《こいわ》に流れる。このような現実をエビデンスにするとか。

井上　銀座のナンバーワンにもいずれは衰えが来る。彼女のところへ毎月のように通ってくれた宮崎県出身の国会議員から、「宮崎に来ないか」と誘われる。「彼には力があるし、お金もある。彼についていこう」と宮崎に行く。彼女はただ引っ込んでいるだけでなく、支援者たちの前に出て、銀座で培《つちか》ったおもてなしの技を発揮するわけですよ。そして、平安王朝のサロンは、当時の銀座でもあった……。

本郷　それが、在地領主と京都出身の妻ということですね。

第四章

「日本国」意識

日本人意識の芽生え

本郷　日本人はいつから、日本という国を意識するようになったか――。この問題を考える前に、井上さんに教えを請《こ》いたいのは、人間はそもそも、自分が所属している母体をよく言いたくなるものかという点です。たとえば、東大を卒業すると東大がいいと言いたくなるとか、京都に生まれたら京都が最高と言いたくなるとか、日本に生まれたら日本が一番と言いたくなる、などなど。簡単に言えば愛校心、愛郷心《あいきょうしん》、愛国心です。さらに言えば、古代史を勉強していると古代がいいと言いたくなるとか。

ちなみに、私自身は中世史を勉強していますが、中世より江戸期のほうがいい時代だと思っています。さらに、江戸期よりも近現代のほうがいい。この場合、「いい」というのはあくまで、民衆＝国民の暮らしやすさであって、為政者《いせいしゃ》側からの視点ではありません。

井上　人には何かを愛する気持ちがあり、それは多くの場合、自分の出身地に向かいます。私の場合、「君が代」と「六甲《ろっこう》おろし（阪神タイガースの球団歌）」が流れたら、まちがいなく気持ちは六甲おろしに傾《かたむ》きます。つまり、愛国心よりは愛郷心なのでしょう。

元寇《げんこう》（一二七四年の文永《ぶんえい》の役《えき》、一二八一年の弘安《こうあん》の役）の約一〇〇年後に繰り広げられた百年戦争（一三三九〜一四五三年、イギリスとフランスの戦争）の頃、フランスの西半分にいた領主はイギリスを支持していました。彼らがイギリス王と血縁関係にあったことも影《かげ》を落としていたでしょう。だけど、それだけじゃあなく、血縁関係の遠いブルゴーニュ公までイギリスについていました。その後、ジャンヌ・ダルクが現われる頃からフランス人意識も浮かび上がりますけれどもね。

いっぽう元寇では、日本の在地領主で、元《げん》側に寝返った者はいませんでした。フランスに比べれば、日本列島のほうが早くから日本人意識を芽生えさせていたような気がします。本郷さんは第三章でも述べられていましたが、中世の日本をひとつの国と考えないというのが持論ですね。

本郷　確かに、日本人意識が早くから芽生えていたというのはその通りです。しかし、私のもうひとつの持論――鎌倉幕府が滅びたのは元寇が原因だった――に則《そく》して考えると、もし御家人たちが国を防衛したという意識が強ければ、「領地を寄こせ」と訴《うった》えたりしないのではないでしょうか。

井上　無欲なまま、対外戦争に従軍するなんて。そのように人々が考え出すのは、近代における国民国家の成立以後ですよ。いや、国民国家の場合でも、夫が国のために戦死したら、妻はなんぼかもらわなすまんでしょう。遺族年金なんかを。気持ちが収まらんもの。

本郷　御家人たちは、攻《せ》めてきた元軍の自分たちと異なる姿・軍装などを見て、はじめて「あ、俺ってこんな顔しているんだ」と知ったと思うのです。言い換えれば、元軍に殺されたことによって、民族や国家の違いに気づき、「俺たちはあいつらと違う日本人なのだな」という意識に目覚めた。だから、元に攻められた時点では、自分たちが日本人であることの意味があまりわかっていなかったし、元軍と手を組もうという考えも浮かばなかったような気がします。

井上　ヨーロッパの封建領主は、国を超えて主従関係を結びました。あちらの封建性は、汎《はん》ヨーロッパ的、国際的なんです。国境を超えている。イギリス国王はフランス国王の従者でした。他国の従者という意識を持っていたのは、日本では冊封《さくほう》（中国の皇帝が朝貢国の王に称号などを与えて君臣関係を結ぶこと）を受けた倭の五王（44ページ）と足利義満《よしみつ》（明《みん》から「日本国王」の称号を得た）ぐらいです。そうすると、日本人意識の芽生えは、少なくともヨーロッパに比べると相当早かった。

本郷　京都の貴族たちのように教養を積んだ人たちは、自分たちは日本人だという意識を持っていたと思います。それはまちがいない。しかし、武士は日本人だから日本のために戦おうとは、まったく考えていなかったのではないでしょうか。しかし井上さんは、そうではなく武士にも日本人意識があったと考える。

井上　そうです。巨大な元軍を見た時、「こりゃかなわん、あっちについたほうがええやろ」とか「もう逃げたほうがええな」と思うのが普通です。あるいは、元軍の手引きをする者がいてもいいのに、九州の御家人たちはまったくそう思わなかったわけでしょう。

武士の掟《おきて》

本郷　井上説への反論として、まず挙げられるのは、戦ったのが九州の武士だけだったことです。彼らは国を守るという意識ではなく、俺の土地を守るという意識で戦ったのです。

井上　それは、その通りです。

本郷　たとえば、中大兄皇子（天智天皇）は白村江の戦いの際、戦闘指揮を執《と》るため、朝《あさ》倉　橘　広庭宮《くらのたちばなのひろにわのみや》（現・福岡県朝倉市）に移りました。豊臣秀吉も朝鮮出兵（一五九二〜一五九三年の文禄《ぶんろく》の役、一五九七〜一五九八年の慶長《けいちょう》の役）の際、名護屋《なごや》城（現・佐賀県唐津《からつ》市）を設け、大名を集めています。日清戦争《にっしん》（一八九四〜一八九五年）では、宮中にあった大本営が広島城（現・広島県広島市）に移され、明治天皇も移りました。

しかし元寇の時、軍事司令官だった執権・北条時宗《ときむね》は鎌倉を動きませんでした。要するに「自分の土地を守るために戦え」だったのです。

井上　つまり、北条氏には日本を守るという意識がなかったと。でも、元の使節を鎌倉で斬《き》り捨てながら、「九州の奴らは勝手に戦え」というのはあんまりやないですか。

本郷　おっしゃる通りですが、北条氏はその程度ではないでしょうか。太平洋戦争前に北条時宗を救国の英雄のように祭り上げたことがありましたが、時宗が使者を斬るという無茶をしたから、元は攻めてきたのではないでしょうか。初期の対応をまちがえなければ、元は来襲しなかったと私は考えています。言い換えれば、国がどういうものなのか、よくわかっていなかったから、国と国との交渉ができなかったのです。

井上　その程度の人たちが率《ひき》いていたにもかかわらず、誰も国というか日本列島を裏切らなかった。そのあたりに、私は日本国意識の目覚めを見るのです。

本郷　当時の戦いでは、いわゆる武士の論理が相当、強力に働いていました。たとえば、縁戚を重んじることです。A家が勝ちそうだと思っても、B家から嫁をもらっているから

B家に味方するというような感覚です。

鎌倉時代、宝治合戦《ほうじがっせん》というのがありました。執権・北条氏と有力御家人・三浦氏との争いで、言わば鎌倉幕府内の内乱です。この時、源頼朝の右腕だった大江広元《おおえのひろもと》の息子・毛利《もうり》季光《すえみつ》は、北条の勝利を確信して北条の味方をするつもりでした。でも、三浦家から妻をもらっていることを思い出し、負ける可能性の高い三浦側に走っています。

井上　それは、季光がよほど嫁さんを好きやったとか。

本郷　いや、ないない（笑）。もうひとつ、例を挙げましょう。頼朝が弟・義経《よしつね》の妻を探す時、河越重頼《かわごえしげより》の娘を「家柄的にいいから」と言って、義経に嫁《とつ》がせました。重頼が「わが娘を九郎《くろう》（義経）殿の妻にいかがでしょうか」とおうかがいを立てたのではありません。にもかかわらず、のちに義経が幕府の反逆者となった時、頼朝は娘が義経の妻であることを理由に、重頼を殺してしまいます。

井上　言いがかりもええとこやね。

本郷　重頼は武蔵国の実力者だったので、つぶしておけば幕府としては都合がいいわけです。しかし不可解なのは、御家人たちが誰も文句を言わず、止めもしなかったことです。それほど、縁戚を重んじる意識が強かったのかもしれない。

和田義盛《わだよしもり》（三浦の一族）が反乱した和田合戦の時、本家の三浦義村《よしむら》は北条氏側につきました。すると、千葉胤綱《たねつな》は「三浦の犬は友を食らうぞ」と、御家人たちが居並《いなら》ぶ前で義村を罵倒《ばとう》しました。この時、胤綱はわずか一二歳です。つまり、明文化されていなかったけれども、仲間を大事にするという武士の掟《おきて》みたいなものがあったのだと思います。

中国にあって、日本にないもの

井上　今のお話で、九州の御家人たちにも縁戚関係があって、そこから抜け出すわけにいかなかったということはわかりました。でも、みんなでいっせいに元側へつくこともできたのではないでしょうか。

本郷　村井章介《むらいしょうすけ》さん（東京大学名誉教授）によれば、当時の博多《はかた》（現・福岡県福岡市）は、朝鮮半島や中国大陸から来た人たちで賑《にぎ》わった国際都市でした。ということは、それなりに情報があったはずです。そう考えると、自分で自分の首を絞めるようだけれども、裏切りがなかったのは日本人としての自覚があったからかもしれません。

井上　六六三年に起きた白村江の戦いでは大敗北を喫《きっ》しました。日露《にちろ》戦争（一九〇四〜一九〇五年）で乃木希典《のぎまれすけ》将軍の指揮が凄《すさ》まじい死者を出した旅順《りょじゅん》攻囲戦のようなものではないでしょうか。当時のことはわかりませんが、「もうやめよう」「故郷へ帰ろう」という声が起こってしかるべきと思うんやけれども、誰も逃げません。日本を裏切る者は、いなかったのです。大勢の兵がバンザイ突撃のように散っていきました。せめて、中大兄政権が戦後補償などをしてくれればと思うのですが。

本郷　しなかったと思います。都まで移してしまったぐらいですから、中大兄皇子はびびりまくっていたでしょう。それほどひどい負け戦《いくさ》だったのです。

井上　あの時代に、日本という枠組みはもうできていたように思います。日本というまとまりがなければ、百済と密接な関係を持ち、新羅と対峙《たいじ》することもできませんから。もちろん、鎌倉期は関東に政権があって、ふたつの国に分かれていたという見方もできるけれども、その割にはひとつのまとまりがあったようにも思えます。

本郷　なるほど。そうきましたか。

井上　いや、別に詰め将棋をしているわけではありませんよ（笑）。

本郷　確かに、おっしゃることはわかります。でも、まだひっかかりがある。腑《ふ》に落ちたわけではありません。中国大陸では春秋《しゅんじゅう》・戦国《せんごく》時代（紀元前七七〇～同二二一年）、たとえば斉《せい》の国で生まれたけれども斉の国は俺のことをちっとも認めてくれないから、楚《そ》の国に行って宰相になる、というようなことが平気で行なわれていました。そのような越境性が中国にはあり、日本になかったのはなぜか。私は、単に深く考えていなかっただけだと思っています。

井上 日本二国論に立ったとすると、公家出身ながら、頼朝に招かれてホイホイと鎌倉に下った大江広元は、祖国を裏切ったような気持ちになっていたでしょうか。

本郷 それはないでしょう。

井上 だとすると、やはり日本はひとつじゃあないですか。

本郷 そこは、そうかもしれないなあ……。

京都vs.関東

井上 今の若い研究者たちは、元寇後の日本をどのようにとらえているのですか。

本郷 そこらへんは『大日本史料』にないので、ほとんど研究がされていません。

井上 私の印象を申し上げます。関東の若い研究者たちは、鎌倉公方《くぼう》（室町幕府の地方機関・鎌倉府の長官、足利尊氏の四男・基氏《もとうじ》の子孫が世襲）の持っていた政治力をよく取り上げるような気がします。

本郷　そうかもしれません。たとえば、峰岸純夫《みねぎしすみお》さん（東京都立大学名誉教授）は薩埵山《さったやま》体制（鎌倉公方・足利基氏を関東執事・畠山国清《はたけやまくにきよ》と東国の有力武家が支えた状態）と言っています。

井上　すると、関東は鎌倉時代よりも室町時代のほうが独立していたと、とらえたほうがいいんじゃあないですか。

本郷　ええ。でも、「独立」という表現は引っかかります。要するに、関東側は自分たちがひとつの権力体を作っているという意識です。しかし、京都の室町幕府は「関東なんか、どうでもいいや」と相手にせず、冷《さ》めた目で見ていました。しかし、平安時代末期の後白河上皇は「どうも、関東はうるさい」と感じていて、源頼朝が強くなると義経に「つぶしてこい」とけしかけるようなところがありました。京都からすれば関東は地のはてですが、そこにできた武家の権力体にどのようにして手綱《たづな》をつけるかが、朝廷のテーマになっていたように思うのです。

井上　実態として、関東が京都のご機嫌うかがいをする度合いは、鎌倉時代よりも室町時代のほうが下がったと。

本郷　ええ。関東が京都のことに首を突っ込む回数は、明らかに鎌倉時代のほうが多いです。

井上　そうであれば、日本という国はひとつか、ふたつだったかという問題を考える時にも、室町時代を取り上げてみてはいかがですか。たとえば、室町時代に九州地方へ明《みん》の襲来があったら、鎌倉公方は、明と組んで京都（室町幕府）を挟撃《きょうげき》したかもしれない。

本郷　足利持氏《もちうじ》ならやりかねないな。持氏は、足利義教《よしのり》の代わりに将軍になりたかった男ですから。「将軍にしてくれるなら、九州を明にやろう」くらいは言うかもしれない。

井上　ただ、明にその気がないでしょう。

本郷　元冠の時、来日経験もある趙良弼《ちょうりょうひつ》は、皇帝フビライ・ハンに、メリットがないから出兵はやめるべきと進言しましたが、聞き入れられませんでした。たぶん、明は元の轍《てつ》を踏まないでしょう。日本がひとつではなかったことを主張したいのなら、室町時代で立証したらどうかとおっしゃいましたが、現実には中世史で華々《はなばな》しく論争が展開されているのは鎌倉幕府ができた頃です。

井上　守護《しゅご》・地頭《じとう》の設置論争などですね。明治以来の伝統やね。

本郷　その論争に何らかの形で参加し、伝統に足跡を残すことが中世史研究者の夢であり、憧れなのです。

日本のエンジン

本郷　日本という国のまとまりが、少なくとも元寇の頃にはできていたというのが井上説ですね。

井上　もっと前からできていたような気がします。その理由のひとつとして、日本列島が島国であったことが挙げられます。ただ、島国説には弱点がある。元はベトナムにも侵攻しましたが、ベトナムはインドシナ半島を挙げて抵抗、裏切った領主はいませんでした。そうなると、島国でないベトナムにも、国のまとまりという意識があったことになります。

本郷　うーん。これは網野善彦さんが言っていたことですが、北条氏は日本というまとまりが地理的にどこからどこまでかをすごく気にしていた。

井上　北条氏がせっかく日本国について考えているのに、本郷さんは「おまえらは日本人じゃない。関東人だ」と言っているわけやね（笑）。

本郷　それは、まずいな。もうすこし北条氏の脱地域性を認めてあげないと。確かに、北条氏は日本のまとまりを強く意識していますが、そのような史料はあまり残っていません。史料が残っているのは、徳川家康のものです。家康は、北部のどこまでを日本として認めるか、その先に何があるのかをしきりに言っています。家康の時点では、日本のまとまりを考えなければならないかもしれません。

ただ、日本のまとまりを考える時に、何が根拠になるのか。何がそのエンジンになるのか。それは京都という都なのか、朝廷なのか、天皇なのか。少なくとも宗教ではないと思います。

井上　私が挙げた例は、元寇の時に元側に寝返った御家人がいなかったという事実でした。

本郷　はい。モンゴル人とは顔つきや服装が違うだけでなく、言葉が違うのですから、意思疎通《そつう》ができません。

井上　言葉の違いを言われるなら、ヨーロッパの場合、ブルゴーニュ公が使っている言葉とイギリス王が使っている言葉は違います。でも、公はフランス王が嫌《いや》だから、イギリス王につく。つまり、国民国家が成立してナショナリズムが生まれる前だと、ヨーロッパの封建領主は国境や民族を超えて動くのです。逆に、今でもフランス語の人とオランダ語の人で一国を成したベルギーのようなところもある。スイスも、その口《くち》ですね。

本郷　そうか、言語は決め手にならないか。

井上　ただ、本郷説に歩み寄れば、源義経は京都弁だから、鎌倉の御家人たちが「九郎殿の話されていることは全然わからん」というようなことはあったかもしれない。

本郷　その点、頼朝は関東言葉を使えたのでしょう。当時の標準語は京都言葉ですが、頼朝は自覚して言葉を使い分けたけれども、義経は自然に都言葉が出てしまった。だから「あいつは向こうから来た奴だよね」ということになったんだろうなあ。義経が御家人たちから好かれなかった理由も、案外そのへんにあるかもしれません。

日本のかたち①　権門《けんもん》体制論

井上　日本がひとつだったか、そうでなかったかを考えるうえで、やや専門的になりますが、「権門体制論」に触れておきたいと思います。一般的に、学校の教科書では――公家・寺社勢力が中心だった平安時代は約四〇〇年間続き、やがて澱《よど》んでいったが、そこに健《すこ》やかな武士が現われ、新しい時代を作った——などとなっています。それに対して、それとは異なる歴史の見取図を唱えたのが、黒田俊雄《くろだとしお》さん（大阪大学教授、故人）です。

黒田さんは、武士の力をそれほど強く位置づけません。鎌倉時代になっても、荘園領主である貴族や寺社が力を保ち、武士もその荘園に寄りかかっていると見る。武士だけが抜きん出た存在ではなく、武士も寺社も貴族も権力を持っており、三者がそれぞれの立場で社会を支えたと考えるわけです。これが権門体制論です。

本郷　中世にも国家があったことを前提にすると、王は天皇です。そして、王家の下に貴族の集団である公家、武士の集団である武家、僧侶・神主の集団である寺家《じけ》・社家《しやけ》の三つがあった。この三者は国家を担うために分業をしており、公家は政治、武家は軍事と警察、寺家・社家は祭祀《さいし》・祈禱《きとう》を担当した。

おたがいが長所を発揮し、おたがいの欠点を補《おぎな》い合うことを相互補完の関係と言いますが、まさに三者はこの関係にあり、王家を支えていたというのが、黒田さんの考え方です。なぜ「家」をつけるかというと、それは世襲が強力な原理として働いていたからです。そして、公家、武家、寺家・社家は、それぞれの内部にある権門勢家《けんもんせいけ》（権勢のある門閥や家柄）を中心にまとまっていました。

井上　どちらかと言うと、京都で勉強した研究者が権門体制論を支持する傾向にありますね。人文学の学説には、地域や学統《がくとう》に左右されやすいところがあります。京都で史料を読んでいるとそうなるんですよね。

本郷　権門体制には、下部構造として荘園制がありました。公家も武家も寺社も荘園制という原理を受け入れて土地を支配し、そこから税を取って活動していた。だから、荘園制に立脚する権力体であるという意味では、三者とも同じであるという認識になります。

井上　鎌倉幕府の御家人たちが荘園で野蛮なふるまいをすると、在地の人たちは寺社や貴族に救いを求めた。権門体制論の支持者は、そう見ます。いっぽう、本郷さんは「そんなことはない。御家人は領民に対する統治意識に目覚めていた」と見るわけです。

本郷　権門体制論では、武家のリーダーが将軍であり、武家は公家や寺社と並立して王家に仕えている。逆に言えば、王家のトップである天皇が将軍を従えているわけです。つまり、天皇が上で、将軍が下という上下関係です。私は東国国家論（次項で詳述）を支持していますが、おそらく中世史研究者の約八割は、権門体制論を支持していると思います。たとえば、『岩波講座　日本歴史』では、権門体制論が定説であると書かれています。

井上　私は工学部出身ですが、大学ではじめて日本史の講義を聴《き》いた時、教授が鎌倉幕府のことを「広域暴力団・関東北条組」と呼んでいたのが、すごく印象的でした。高校の授業では、鎌倉幕府の誕生を公家の時代が終わり、武士が勃興《ぼっこう》する時代の幕開けと教えられます。だから、関東北条組という、武士の時代を担った幕府が反社会的な暴力組織だったかのような指摘を聞いて、「大学ってこういう知識を教えてくれるのか」と新鮮に感じたことを覚えています。

本郷　鎌倉幕府ができた時、あの内乱のひどさは映画『アウトレイジ』（監督・北野武《きたのたけし》）ばりです。あまりに暴力的で、人間とは思えない。または、マンガ『北斗《ほくと》の拳《けん》』（原作・武論尊《ぶろんそん》、作画・原哲夫《はらてつお》）のような弱肉強食の世界です。石母田正さんは「清新な気をまとった武士が出現」と描写しましたが、関東史観の私ですら、とても「清新」とは思えません。

日本のかたち②　東国《とうごく》国家論

本郷　黒田俊雄さんの立論の前提になっているのは「中世にも常識的に考えて国家という

ものがあったであろう。その国家の王を誰かと考えれば、それは天皇と考えるべきだろう」という考えです。しかし、本当に国家と呼べるようなものがあったのか。

私の師匠で、関東の日本史学会を引っ張るリーダー的存在だった石井進先生は「中世に明治以後の国民国家みたいなものを安易に想定していいのでしょうか」と述べただけで、権門体制論に対してそれ以上の反論をしませんでした。石井先生が何も発言しなかったので、日本史学会の生きるレジェンドであり、石井先生の師匠である佐藤進一先生が一九八三年に提唱されたのが、「東国国家論」です。佐藤先生は、戦後になって平泉澄さんの皇国史観が否定されて荒廃した東大国史研究室を建て直した中興の祖とも言うべき人です。

井上　文書の形式だけ見ていると、公家や寺社が領主であり、朝廷を戴《いただ》く体制になっているけれども、実際には鎌倉の武家が実力で京都を圧倒していたという主張ですね。

本郷　東国には鎌倉幕府があり、将軍がいて、将軍の下には武士がいる。西国《さいごく》には朝廷があり、天皇がいて、天皇の下には貴族がいる。両者は並び立っており、どちらが上ということではない。だから、東国にひとつの国家があったと考えたほうがいいのではないかというのが、佐藤先生の東国国家論です。

井上　関東地方に独立王国のようなものができ、朝廷はまったく口を挟《はさ》めない状態だった。その後、幕府が朝廷を凌駕《りょうが》し、全国規模での支配を進めたという歴史観です。こうした輝かしい関東史観は、最近流行《はや》らないようですが、本郷さんはその関東史観に立っていると。

本郷　私が不甲斐《ふがい》なく思うのは、研究者の肝《きも》の据《す》わらなさです。権門体制論が学会の主流になったのなら、教科書を書き換えればいいのに、それはしない。

井上　学校の教科書は、いまだに関東史観ですね。

本郷　私が執筆している教科書『新選 日本史B』（東京書籍）でも反映されていません。これは私が書いているのですから、それでいいのですが、他の教科書の執筆者はどう考えているのか。

井上　私自身は、東国国家論および関東史観を明治維新以後のイデオロギーだと思っています。水戸学《みとがく》（水戸藩の『大日本史《だいにほんし》』編纂過程で形成された尊王論を中核とする学風）はそのようなとらえ方をしていなかったので、やはり都を東京に移してから、京都を侮《あなど》り、関東を美化する歴史観が東京で広まったのだと思います。

わかりやすい例が平氏への蔑視《べっし》です。平氏は歌を詠《よ》み、舞《まい》を舞い、笛を吹いて貴族のような生活を送った。いっぽう、関東の健やかな武士は雅《みやび》な暮らしに目もくれず、武芸にはげんだ。平氏が源氏に負けるのは当然だと。この見取図が本格的に普及するのも、明治以後ですよ。

本郷 それは、『源氏物語《げんじものがたり》』は不倫文学だから許せんという主張と同じですよ。平氏が政権を取ったあと、文化的に成熟していくことのどこが悪いのか。江戸時代の儒学者たちは「『源氏物語』などとんでもない。武士はそんなものに現《うつつ》を抜かしてはいけない」と言っています。でも、日本という国はもともと恋愛に寛容な国でした。

井上 ただ、不倫はいけないと禁止しているからこそ、届かぬ思いや届いてしまった時の躊躇《ためら》いに値打ちが出る。帝《みかど》の后《きさき》に手を出してしまったが、彼女は自分の子を宿《やど》したようだという慄《おのの》きが文学になるのではないでしょうか。

本郷 確かにそうですね。禁じられているからこそ、おもしろい。不倫したタレントがバッシングを受けることがありますが、不倫がいけないなら「あなたは『源氏物語』を認めないのか」ということになりますね。もちろん、不倫を励行《れいこう》するつもりはありませんし、私自身実践したことはありませんが。いや、本当に。

日本のかたち③　顕密《けんみつ》体制論

本郷　「顕密体制論」についても説明しておきましょう。権門体制論には公家と武家と寺家・社家がありましたが、そのうち寺家について述べたのが顕密体制論です。研究者は、寺院が大きな役割をはたしていたことはわかっていたけれども、権門体制論の出現まで、うまく位置づけができていなかった。その意味では、寺家の役割を明確にした黒田俊雄さんの権門体制論は偉大な業績です。

井上　顕密の「顕《けん》」は天台宗《てんだい》（開祖は隋の智顗《ちぎ》。九世紀、最澄《さいちょう》が日本に伝え、延暦寺を本山とした）、「密《みつ》」は真言宗《しんごん》（中国の密教を九世紀、空海が日本に伝え開宗、金剛峯寺《こんごうぶじ》を総本山とした）ですね。

本郷　権門体制論以前は、鎌倉新仏教（平安時代末期〜鎌倉時代中期に興《おこ》った仏教の革新運動。旧仏教（天台宗・真言宗）を批判し、念仏・題目・禅によって救われると説いた）のほうが高く評価されてきました。浄土宗《じょうど》（開祖・法然《ほうねん》）、浄土真宗《じょうどしん》（親鸞《しんらん》）、時宗《じ》（一遍《いっぺん》）、臨済《りんざい》宗（栄西《えいさい》）、曹洞《そうとう》宗（道元《どうげん》）、日蓮《にちれん》宗（日蓮）などが、停滞していた天台宗や真言宗に代わって出現したイメージでしたが、黒田さんがそれに異《い》を唱えた。

平安時代以後、朝廷でずっと信仰されてきた天台宗と真言宗こそが仏教の中心宗派であるというのが顕密体制論です。法然や親鸞などが延暦寺で学んだことでも明らかなように、鎌倉新仏教は天台宗・真言宗の分派である。言わば天台・真言体制ですが、顕密体制という名前をつけて提唱されたわけです。

平安時代のはじめ、天台宗と真言宗が日本に伝来した時、当時の公家たちがどちらを喜んだかというと、圧倒的に密教でした。密教は、仏《ほとけ》の境地は人間の理性では把握《はあく》できないと教え、加持祈禱《かじきとう》などの儀式を大事にしました。そこらへんが好まれたのかもしれません。それで、天台宗でもあわてて密教の体制を整えます。そして、天台の密教を「台密《たいみつ》」、真言宗の大本山・教王護国寺《きょうおうごこくじ》（東寺《とうじ》）で教えられた密教を「東密《とうみつ》」と呼ぶようになりました。だから、顕密体制の実相は密密体制なのです。

井上　室町時代中期の蓮如《れんにょ》あたりから浄土真宗は盛り上がってきますが、その前に武士と結びついた禅宗（特に臨済宗）が力をつけているので、顕密仏教が鎌倉新仏教に取って代わられる、その過渡期《かとき》を「禅密《ぜんみつ》体制」と名づける、やや妥協的な構図を私は提案したいと思います。

二十世紀末、京都では河原町《かわらまち》の御池通《おいけどお》り沿いに京都ホテルの建設が始まりました。京都市内は三〇メートルという高さ制限があったんですが、この時、規則は変えられていた。このホテルは六〇メートルにおよぶビルの工事を始めます。そのため、仏教界から反対の声が上がりました。

そのうちに、工事現場の手抜かりで建設中のビルから鉄骨の落下する事故が起きた。そうしたら、僧侶たちが「ざまあみろ。罰《ばち》が当たった」と言ったそうです。「清水寺《きよみずでら》で護摩《ごま》を焚《た》いたから罰が当たった」というような噂《うわさ》も流れました。この現代社会に、霊力の話が飛び交《か》ったんです。坊主の祈禱《きとう》が持つ効力を、冗談ではあっても語り合う。このような町だからこそ、顕密体制論も育《はぐく》まれたような気がします。

竹内まりや説

井上　本郷さんは権門体制論を批判する時に、興福寺《こうふくじ》（藤原氏の氏寺《うじでら》）と石清水八幡宮《いわしみず》（皇室・源氏の守護神）の対立を挙げられました。興福寺と石清水八幡宮が境相論《さかいそうろん》（所領の境界をめぐる紛争）をするようになった時、朝廷は係争の処理を鎌倉幕府にゆだねたんです。黒田俊雄さんは、朝廷がどちらかに偏《かたよ》るのではなく、うまくバランスを取ったとして、権門体制論を唱えました。しかし、バランスを取ったと言うけれども、最終的に解決したのは鎌倉幕府の武力ではないか。これが、本郷さんの批判です。

本郷　私は、そう言ってきました。

井上　私なりの見方を述べます。私の視点も歪《ゆが》んでいるかもしれませんが、朝廷のふるまいは、竹内まりやのヒット曲に通じると思うのです。すなわち「けんかをやめて　二人をとめて　私のために争わないで　もうこれ以上」です。

放っておけばいいものを、鎌倉幕府はええかっこをしたわけですよ。「私に任せてください。こんな奴らの諍《いさか》いは止めてみせます」と。そうやって幕府に見栄を張らせてしまう力、言ってみれば京女《きょうおんな》の魔力を、本郷さんは見過ごしている（笑）。調停役を買って出た幕府を見て、女はほくそえむのです。この人は、あたしにええとこを見せようとしている。まだまだ、あたしには魅力があるんやわ、と。

本郷　私の権門体制論批判の肝《きも》は、黒田さんが使った論理で、黒田さんが使った例をそのまま使って、黒田さんと違う説を提示したところです。そこを見てほしかった。

井上　そこは、よくわかりましたよ。私も了解しているつもりです。でもね、興福寺も石清水八幡宮も強訴《ごうそ》（仏神《ぶつしん》の権威を誇示して要求する）をしているわけです。相手と戦うだけではなく、朝廷に向かってもアピールしていますよね。朝廷の愛を奪い合っている。そこに、幕府がしゃしゃり出るわけです。一番愛されているのは自分だと言わんばかりの勢いで。そうやって魅力的な女は、男を操《あやつ》るんです。

本郷　武力というのは、このような微妙な関係を全部、台無しにしてしまう怖さがあります。卓袱台《ちゃぶだい》を引っくり返す行為はけっして誉《ほ》められたものではありません。マンガ『ドラえもん』(作・藤子・F・不二雄)のジャイアンは腕《うで》っ節《ぷし》の強さで一時的な勝利を得るかもしれないけれども、女の子にはもてない。口で説得する出木杉英才《できすぎひでとし》くんのほうが、男の子からも女の子からも一目《いちもく》置かれます。

体制論の落とし穴

本郷　京都の日本史研究者は、「○○体制」という言い方を好みます。権門体制、顕密体制、二重公儀《こうぎ》体制(181ページで詳述)……。言葉を作ったことで、ひと仕事したみたいに思われている。

井上　むやみに学術用語を作るなと。まあ、さきほどは峰岸さんの、関東の方ですけれども、薩埵山体制論（111ページ）を教わったわけですが。

本郷　私が大学生の頃、石井進先生に「黒田俊雄先生の権門体制についてどう思われますか」と聞いたら、「黒田さんは何でも『体制』にしてしまうんだよね」と一言だけおっしゃった。事々《ことごと》しく言えば学問的風合いを帯びるということは、もうやめるべきだと思うのです。

権門体制論と東国国家論の焦点は結局、将軍と天皇との関係にあります。権門体制論では将軍は武家の代表であり、武家を率いて天皇を支えるのが将軍の役目ということになります。いっぽう、東国国家論では、天皇と将軍は並び立つものになるわけです。権門体制論を支持する研究者が多いのは、将軍は天皇が任命するものであり、将軍が天皇を任命するわけではないということでしょう。

井上　それは、旭日中綬章《きょくじつちゅうじゅしょう》（旧・勲三等）を受章した学者が、旭日小綬章《しょうじゅしょう》（旧・勲四等）を受章した学者より偉いと言っているに等しい。あほらしい考え方です。宮中席次《せきじ》が、人の偉さを決めるのかと、私は問い質《ただ》したい。朝廷から将軍として任命されたことに何の意味があるのかと。

本郷　カルチャーセンターでこの話をすると、「将軍は天皇が任命するのだから、天皇が上でしょう。権門体制論のほうがいいんじゃない」と言われます。

井上 その天皇が、たとえ操《あやつ》り人形であってもですか。

本郷 力があろうがなかろうが。

井上 私は操り人形説じゃあなく、「竹内まりや説」ですが。

本郷 「将軍が天皇を動かしていたから東国国家論が成り立つとするなら、摂政・関白だって天皇を動かしていたではないか」と井上さんは以前書かれていましたね。思わず「そういう見方もあるなあ」と唸《うな》りました。

井上 承久《じようきゆう》の乱（一二二一年に後鳥羽上皇が北条義時《よしとき》追討の命《めい》を発して倒幕を図《はか》るも敗北。以後、幕府の権力が西国にもおよんだ）が終わったあと、鎌倉幕府は天皇の位《くらい》さえ左右するようになりました。それを、武家が優位に立ったととらえるのではなく、ようやく摂関家並みになったとなぜ考えないのか。

本郷 そのように、反論されていましたね。今回はさらに竹内まりや説も立てられた。私はますます追い詰められているわけですが、反論は難しいなあ。逆に言うと、もう学説で考えるのはやめて、すべて実態でとらえていくほうがいいかもしれません。しかも最近は、権門体制論か東国国家論かと騒ぐ研究者がほとんどいなくなりました。

井上　論争しない若い研究者たちが、文書から実証した結論にちょろっと権門体制論に言及するのは、非常に困ったことだと私も思います。

本郷　結論だけを権門体制論にベタッとくっつけるのは、やめるべきですね。対談の結果、ひとつの結論が出たようでございます。

第五章　絶対王政・室町幕府

鎌倉幕府は荘園制度に寄生した

井上　鎌倉の武家政権を荘園制度の簒奪者と見るか、それとも荘園制度の寄生虫と見るか。本郷さんは簒奪者と見ますね。

本郷　いや、寄生虫ではないですか。天皇の存在を否定しきれないということです。権威など屁《へ》とも思わなかった室町幕府の高師直ですら、天皇について「あんなもの、木で作るか、金《かね》で鋳《い》るかすればいい」と言っています。木像や銅像で十分だということですが、逆に言えば、たとえ木像でも、その存在の必要性を認めているわけです。荘園制は、最終的に天皇に帰結していくので、「荘園制ですら」と言うべきかもしれません。荘園制を超える土地所有の理屈を武士は作れなかったので、荘園制に寄生せざるを得ませんでした。

井上　中世史では、そうだと思います。でも、豊臣秀吉の時代に、荘園制の体系は乗り越えられていますし、明治時代の地租改正はまちがいなく、荘園制とは違う段階へ、土地制度を進めています。にもかかわらず、天皇制は延命しました。ということは、ですよ。高師直たちが荘園制の枠を超えられなかったから、天皇制も温存せざるを得なかったというわけではないんじゃあないでしょうか。

本郷　確かにそうですね。ただ、ここで洗いざらい言ってしまえば、私は室町幕府とは要するにゼニカネの政権、つまりその根幹を経済に置いていると考えています。にもかかわらず、土地制度で考えてきたわけですから、そこに矛盾が生じるのです。

井上　私も、本郷さんの考えに近い室町幕府のとらえ方をしています。日野富子《ひのとみこ》（第八代将軍・足利義政《よしまさ》の正室）など、守護大名たちを金で動かしているわけですから。

日本における絶対王政

井上　封建制と資本主義のバランスのうえに成り立つのが絶対王政（十六〜十八世紀のヨーロッパにおいて、国王・君主が絶対的権力で支配した政治体制）だとすれば、室町幕府こそ、日本史における絶対王政ではないでしょうか。にもかかわらず、戦後の歴史学は明治政府を絶対王政だと言い続けました。

本郷　井上さんの見方は斬新です。その当否について、すぐには答えられないなあ。

井上　フリードリヒ・エンゲルス（ドイツの社会主義者、故人）と弟子のカール・カウツキー（同、故人）が述べた理論――資本主義と封建制がどちらもヘゲモニー（覇権）を取れない時に、仲介者として王権が登場する。それが絶対王政である——に立てば、日野富子あるいは足利義満（第三代将軍）こそ、日本史における絶対王ということになります。

本郷　富子や義満が絶対王と言われてしまうと、強烈な違和感が湧《わ》き起こってきます。つまり、日本という国が富子や義満のもとにひとつにまとまっていたのなら、そうかもしれませんが、実際にはまとまっていなかったわけですから。

井上　お言葉ですが、ブルボン王朝最盛期のルイ十四世ですら、フランス全土を制圧しきっていませんでした。なぜルイ十四世は、ベルサイユ宮殿を造ったのか——。

ルイ十四世は即位してまもなくフロンドの乱（一六四八～一六五三年、王権強化に反発した貴族たちの反乱）を起こされ、封建領主たちにそっぽを向かれました。これはトラウマになったでしょう。王もね、ブルゴーニュ公やシャンパーニュ伯らが領地に戻って勢力を増すのは嫌だった。だから、豪華なベルサイユ宮殿を建てて、モンテスパン侯爵夫人やマントノン侯爵夫人のような、ええ女を見せつけて、諸侯を宮廷人にしようとした。徳川将軍のように、参勤交代を押しつける力はなかったので、目くらましに頼ったのです。つまり、無茶な言い方をすると、ゼニカネ・宮殿・美女で封建領主を動かした。

本郷　いや、無茶でもおもしろい。そういう意味では、義満とピッタリ符合しますね。義満の場合、参勤交代を命じるほどの力がないから、ピカピカの金閣寺《きんかくじ》（鹿苑寺金閣《ろくおんじきんかく》）を建て、文物《ぶんぶつ》で魅了して封建領主である守護大名たちを都にとどまらせる。贅《ぜい》を尽くし、地元に帰って力を蓄《たくわ》えることを許さなかった。さらには明《みん》との貿易を独占し、「日本国王」の称号を受けました。

井上　日本の戦後史学は、絶対王政の「絶対」という言葉にとらわれ、考えすぎているところがあります。

本郷　そうか、絶対は必ずしも「強力な」という意味ではないと。私が持った違和感というのは、そこから来ている感覚かもしれませんね。

井上　強力でないから、いろいろと策を立ててがんばるのです。

本郷　ルイ十四世の在位は一六四三〜一七一五年ですから、在職一三六八〜一三九四年の義満は二〇〇年以上早く、一八六八年成立の明治政府は二〇〇年以上遅い。四〇〇年以上の開きがありますね。

井上　明治政府は日本列島の人民に国民精神を植えつけようとしましたし、徴兵制を採用しました。しかし、ブルボン王家はそのような期待も強要もしていません。民衆を信用していないし、だいいち民衆が国や王家を守ることなどありえないと思っているわけです。

そして、傭兵を使用しました。

本郷 それがナポレオン一世（ナポレオン・ボナパルト、在位一八〇四〜一八一四・一八一五年）になると徴兵を行ない、戦争を遂行するようになった。

井上 だから、明治政府を「ボナパルティズム」と言うのなら了解しますが、絶対王政という位置づけにはうなずけません。

足利尊氏が京都を選んだ理由

井上 室町幕府はゼニカネの政権ですよね。だから、収益が期待できない関東平野にはこだわりません。もっと収益の上がるところで、支配にかかわるコストをかけようと判断していました。私はそう思います。

本郷 その考え方で鎌倉時代をとらえた場合、どうなりますか。

井上 鎌倉の御家人たちは十三世紀あたりから、消費生活に目覚めていると思うのです。ええ奥方を迎えると、商人が洒落《しゃれ》た呉服を持ってくる。奥方どうしの競争もある。商人はそういうところに付け込みます。そのため、御家人側では、商人への支払いが、あるいはツケもだんだん膨《ふく》らんでくる。そして、もう素朴な在地領主だった頃の生活には戻れない。気がつけば、貨幣経済にどっぷり浸《つ》かっていた。

本郷　なるほど。足利尊氏が幕府を開く際に京都を選んだのは、経済の中心が京都だったからですね。

井上　その時、尊氏には武家の棟梁《とうりょう》として君臨するという思いもあったけれども、広域暴力団・室町組の組長になるよりは、経団連《けいだんれん》（日本経済団体連合会）の会長になろうという思いのほうが強かったと見ていいですか。

本郷　そこは難しいところです。

井上　経団連の会長はやめて、財界の黒幕にしましょう。

本郷　佐藤進一先生的な言い方をすれば、将軍権力とは右手に軍事、左手に政治です。いわゆる将軍権力の二元論ですが、将軍には御家人たちを動員・指揮できる主従制的支配権と、行政や司法など統治権的支配権のふたつを保持しているということです。私は、これは動かないと思います。ただ、商売で儲《もう》けようとなると、やはり京都なんでしょうね。

井上　経済面だけでなく、軍事面でも、コスト感覚は侮《あなど》れません。いざという時に御家人たちが動員できる体制を、金に頼らず忠誠心だけで集めるしくみを必死で整えるよりも、御家人たちの関心をそれなりに引きつけて、お金で動かすほうが安上がりです。だから、私は室町時代で絶対王政の段階に至った気がしてならないのです。

本郷　本郷恵子（史料編纂所教授）は、比叡山の僧籍を持った人たちが借上《かしあげ》（金融業者）や土倉《どそう》（金融業者。質物保管の土蔵を持っていた）という形で、京都の商業をリードしていたという仮説を打ち出しています。

井上　土倉を今の銀行とすれば、比叡山は日銀《にちぎん》（日本銀行）やね。なぜ比叡山にお金が集まるのかと言えば、比叡山がタックス・ヘイブン（租税回避地）だったからでしょうね（後述）。

本郷　その比叡山に手を突っ込んだのが、室町幕府の管領《かんれい》・細川頼之《ほそかわよりゆき》でした。

井上　プレ織田信長ですね。

本郷　頼之が、日銀の地位を比叡山延暦寺（天台宗）から禅宗（臨済宗）に変えようとしたというのが本郷恵子説です。室町時代は禅宗、特に臨済宗が幕府と結びついて繁栄しましたが、比叡山から利権を奪うことはできなかった。比叡山は相当に強力で、経済を握っていたと思います。

井上　顕密体制から禅密体制への移行期に、お金の動きがどうなっていたかは調べる価値があるテーマですね。

本郷　もう、井上さんの「禅密体制論」が確立してしまいました（笑）。実際、禅密体制論であればうなずけることがたくさんありますね。

日野富子とその一族

本郷　室町時代というゼニカネの時代にもっとも輝いた人物こそ、日野富子です。その財産は、現在の数億円から数十億円と言われています。

井上　ダンナの足利義政が引きこもり気味だったので、社交界の主役は富子でした。守護大名たちは義政に取り次いでほしいから、富子に贈り物をする。彼女は領地の様子などを聞き、全国の特産品などに関する情報も把握していた。やがて、各地の天候と収穫具合の方程式が固まっていく。投資感覚はどんどん研《と》ぎ澄《す》まされていったでしょう。

銀座の一流クラブともなれば、さまざまな会社の経営者が来て、多種多様な情報をもたらしてくれる。株式投資の才覚を持ったママなら、それらを活かしているかもしれない。富子はそのような女性だったと思うのです。

本郷　日野家はもともと藤原北家の支流で、公家の名家《めい け》（89ページの図表3）でした。代々《だいだい》儒学と歌道をもって朝廷に仕えていましたが、室町時代に入り、第三代将軍・足利義満の正室・業子《なりこ》や継室・康子《やすこ》を輩出してからは、将軍家と姻戚関係を結ぶようになりました。

井上　ひょっとしたら、室町幕府だけでなく、力を失っていった朝廷もお金の動きに目を向け始めていたかもしれない。

本郷　室町時代中期の公家・万里小路時房《までのこうじときふさ》の日記『建内記《けんないき》』を読んでいると、土倉とのつきあいが非常に緊密であることがわかります。財産のほとんどを土倉に預けており、パーティーに出席する時は、預けておいたタキシードを着て出かけるイメージです。また、「来年の年貢はすべて任せるから、いくらか融通して」というようなことも出てきます。

井上　私は、室町時代の日野家を、ルネサンス期イタリアのフィレンツェに浮上した大富豪メディチ家と対比してみたい。でも、日本史研究者には受け入れられへんやろうなあ。

本郷　いえ、芸術および芸術家を保護したところはそっくりです。メディチ家はボッティチェリ、レオナルド・ダ・ヴィンチ、ミケランジェロなどのパトロンとなり、ダ・ヴィンチの「最後の晩餐《ばんさん》」などの名作は、今もミラノに残っています。

いっぽう富子の夫・義政は、応仁の乱を避けて京都の東山に東山《ひがしやま》山荘を築きます。そこに、禅宗の影響を受けた東山文化が花開きました。銀閣寺《ぎんかくじ》（慈照寺《じしょうじ》銀閣）、枯山水《かれさんすい》の代表とも言える龍安寺《りょうあんじ》庭園、雪舟《せっしゅう》の「秋冬山水図《しゅうとうさんすいず》」などは、世界文化遺産や国宝として今もわれわれの目を楽しませてくれます。

井上　飢饉《ききん》が起きていたにもかかわらず、普請《ふしん》道楽に現《うつつ》を抜かした義政は、一般に悪く言われます。でも、飢饉の時は食い詰めた農民が都に来るため、安い人件費で建設労働者を雇える。そのチャンスでもあるのです。民衆に仕事を与えていた可能性もある。

本郷　失業対策ということですか。

井上　富子が稼いだ金を、義政が民衆へ普請を通して回したことになります。

本郷　意図して行なっていたとしたら、すごいな。でも、ふたりの仲はそれほどいいとは思えないけど。

井上　私は、富子と土御門《つちみかど》天皇のことを怪しいと睨《にら》んでいます。そうなるとますますメディチ家に似てくる（不倫の末、メディチ家の当主・フランチェスコ一世の公妃《こうひ》となったビアンカ・カペッロなど）。

本郷　富子のもとには、唐の太宗《たいそう》と側近との政治に関する問答集『貞観政要《じょうがんせいよう》』の講義に来る一条兼良《いちじようかねよし》などの学者たちも集まってきました。

井上　ああいう者こそ、曲学阿世《きよくがくあせい》の徒《と》（学問上の真理を曲《ま》げて権力者が気に入るような言動をする者）やと思うけど。

本郷　本当ですね。

利子と現世利益

井上　本郷さんは、士農工商《しのうこうしよう》のような階層的価値観をお持ちですか。

本郷　どういうことですか。

井上　つまり、物を右から左へ動かすだけで利ざやを稼ぐような輩《やから》は、人間として腐《くさ》っていると考えていますか。

本郷　いいえ。ヨーロッパのカルヴァン派（十六世紀の宗教改革者カルヴァンの教えを信奉するキリスト教の宗派。禁欲・倹約・勤労を重んじ蓄財を容認したため、近代資本主義の発展につながったとされる）のような思想が、日本ではいつ頃から育ったかに関心があります。

本郷恵子によれば、『徒然草《つれづれぐさ》』に出てくる大福長者《だいふくちようじや》（大金持ち）の話は、「無常《むじよう》（常に変化して不変なものはない）」ではなくて「常住《じょうじゅう》（変化しないで常に存在する）」であり、徹底的な現世肯定だそうです。しかも、商売で利益を上げることが仏《ほとけ》の道にかなうと考えている。このような思想が、鎌倉時代末期から南北朝時代にかけて出てきたとすると、「日本ってすげえな」と思います。士農工商のような価値観は儒教にもとづくもので、中国から輸入されたものでしょう。

井上　一〇五二年、藤原頼通によって創建された平等院は、極楽浄土《ごくらくじょうど》を模《も》したもので、それだけ浄土信仰が強かったとされていますが、私は違うと思います。ヨーロッパには、天国を模した王宮などありません。浄土を地上に実現しようとしていることじたいが、相当世俗的、現世的ですよ。天国なんて地上にあったらいかんわけです。アダムとイヴがいるエデンの園をこの世に実現させようというのは、二十世紀のテーマパーク的な考え方です。逆に言えば、摂関家は早くも十一世紀に、その段階へ達していたわけです。

本郷　その善《よ》し悪《あ》しは別として、日本は早くに現世肯定になっていました。

井上　現世肯定と言えば、京都の僧侶たちは袈裟《けさ》を着たままクラブに行かはります。祇園に行くと、僧侶がミニスカートのおねえちゃんと、肩を抱きながら同伴デートしている姿を、見かけることがあります。東京の銀座で同じことをしたら目立つでしょうし、少なくとも、袈裟だけは脱いでジャケット姿になっているんやないかな。しかし、京都の人たちは僧服でのキャバクラ通いに、「坊主なんて、そんなもんや」とあまり抵抗がない。世界宗教史上、例を見ないことでしょうけど（笑）。

本郷　井上さんは「それでもかまわない」という考えですね。

井上　抵抗を感じないわけではないけれども、あの情景を、教義に凝《こ》り固まったイスラム教の人たちに見せてあげたいという想《おも》いもある。

本郷　実は、私は十代の頃、僧侶になりたかったのです。しかし、高校二年生の時に泣く泣く断念した経緯があります。

ある時、私の家によくお経を上げに来ていた僧侶が「もう来られません」と言いました。父親が「なぜですか」とたずねると、「住職の株を買いましたので、地方の寺で住職になります」と答えました。父は一歩踏み込んで「おいくらでしたか」と聞くと、「五〇〇〇万円」という答えでした。今でもそうですが、一九七〇年代後半の五〇〇〇万円は大金です。それを聞いた私は「これは無理だ。仏《ほとけ》の道も金次第か」と、あきらめたのです。

井上　私の知っているある僧侶は「息子がどうしても坊主になるのが嫌だと言い張るので、しかたないからベンツを買ってやりました」と言っていました。でも、ベンツに釣《つ》られて僧侶となった人に、お経を読んでもらいたくないなあ（笑）。

本郷　僧侶になりたかった身《み》としては、僧侶にはお経の意味をきちんと理解して唱えてほしい。漢文の読み下しができない人など論外です。葬儀の時にわけのわからない呪文《じゅもん》を唱えているだけなら、お布施《ふせ》など必要ないでしょう。カルチャーセンターなどでこのように話すと、年配の方からは「いや、わからないからお経は尊《とうと》い」と窘《たしな》められてしまいました。

井上　確かに漢文で読まれると、ありがたいと思ってしまう。ヨーロッパでも、キリスト教の説教をラテン語で行なっていた時代は、おそらくそうでした。でも、その壁を乗り越え、今では母国語で説教をしています。その点では、私たちのほうが遅れているかもしれない。

寺は租税回避地だった⁉

井上　室町幕府は徳政令を頻繁《ひんぱん》に発令しましたが、これに対抗して借上・土倉など商人は、御家人へ次のようなことを言わなかっただろうか。「お貸ししたお金ですが、徳政令が怖いので、その担保物件となる土地を寺に寄進してください。寺への寄進なら徳政令もおよびません」と。金貸したちは御家人から土地を寄進された寺と契約し、その寺を抜け道にして、彼らの貸付金《かしつけきん》が自分のところへ回収できるようにした。

本郷 それは十分にありうる話です。その発想は、上皇がいわゆる御願寺《ぎょがんじ》（天皇・皇后・親王などの発願《ほつがん》によって建てられた私寺）を建てたのと同じですよ。要するに、公地公民という建前があるけれども、荘園がどんどん集まってくる。まさか公地公民を宣言している自分が荘園の親玉になるわけにはいかないから、とりあえず寺を作ってそこの領地にしてしまおう。そして、利益を吸い上げる。

井上 今で言うペーパーカンパニーを作るようなものです。寺はタックス・ヘイブン（租税回避地）でもあったわけです。

本郷 アジール（28ページ）に対する新しい解釈ですね。

井上 荘園制はやはり、寺を軸として発展したように思います。その過程で、寺は租税回避地となり、そこから資本主義も膨《ふく》らんでいった。その延長線上に室町幕府がある。この解釈は、仏教史はもちろん、日本史の本にも出ていません。ですが、あえて言います。商人だけでなく、武家や公家も表沙汰《おもてざた》にしたくない事情で金を儲けることはあったでしょう。彼らはうしろめたい収入があった時、その罪滅《つみほろ》ぼしとして、寺に寄進したかもしれない。もちろん、寺からは七掛けか八掛《が》けで、まあ比率はわかりませんが、見返りをもらえるでしょうから、寺がマネーロンダリング（資金洗浄）の場所だった可能性も検討すべきです。「坊主まる儲け」というイディオムの語源も……。

本郷　なるほど。そんなことは、井上さん以外に誰も考えませんよ。「仏陀施入《ブッダせにゅう》（寺や神社に財物を寄進すること。または、その物）の地、悔返《くいかえ》すべからず」という言葉があります。悔返しとは、親から子へなど、いったん譲与・贈与された所領・財産を、「あれはなかったことにしてくれ」と取り戻すことです。当時、武家の家父長には悔返し権が認められ、御成敗式目《ごせいばいしきもく》（鎌倉幕府の基本法）にも定められています。ところが、仏陀施入の地、つまりいったん寺の財産になったものには悔返し要求が通用しなかった。「返してください」と言ってきても、返さなくてよかったのです。

井上　徳政令も寺には通用しないのですよね。

本郷　基本的にはそうです。

井上　徳政令の逃げ場が寺だとすると、徳政令こそ仏教を育てたと言えるかもしれません。

本郷　室町幕府と京都の寺は、持ちつ持たれつの関係だったのでしょう。ちなみに、室町幕府の財政を一言で言えば「取れるところから取れ」です。

井上　キリスト教は長い間、利子を認めませんでした。いっぽう、十一世紀から十二世紀にかけてヨーロッパでは都市が発達し、商人たちが歴史の表舞台へ登場するようになります。そんな時代に、儲けているけれどもまじめな商人は悩むわけです。自分の信仰しているカトリックが禁じているのに、自分は利ざやを稼いでいると。結果、免罪の証《あかし》を求めて、カトリック教会にお金が集まり、その延長および頂点として、ヴァチカンがある。それと同じことが、日本でも起こったのではないか。

稼ぐ禅僧

本郷　臨済宗には、経済面を担当した東班衆《とうばんしゅう》と教学担当の西班衆《せいばん》があり、東班衆では算数教育——足し算・引き算・掛け算、割り算はその上級に位置——が行なわれていました。川本慎自《かわもとしんじ》さん（史料編纂所准教授）によれば、算数を学んだ僧侶が荘園経営にたずさわるとうまくいくため、彼らを代官に任命して全国に派遣したそうです。

井上　臨済宗の僧侶は明との交渉にもたずさわり、外交官としての側面もありました。事務レベル折衝《せっしょう》をも担当したわけですが、荘園経営も手がけたわけですか。

本郷　経営者と言うより、経理担当者でしょう。ただ、比叡山の僧侶も足し算、引き算、掛け算ぐらいはできたでしょうから、租税の収受にかかわる技能を持っている僧侶はたくさんいたということになります。

井上　比叡山はお金を稼いでいる。禅寺も稼ぎ始めた。でも、比叡山のほうは威張っており、幕府に歩み寄ってこない。ならば、禅寺を育てて寄りかかったほうがいいと幕府は考えたんやろな。

本郷　幕府は、比叡山の武力を恐れたのかもしれません。比叡山は大勢の僧兵を抱《かか》え、話が拗《こじ》れると、京都に強訴に来ますから。

井上　〝面倒くさい奴ら〟なのですね。

本郷　鎌倉時代から延暦寺領だった富永荘《とみながのしょう》（近江国伊香《いか》郡に置かれた荘園）について調べると、他国では武士になった在地領主が、比叡山の僧兵になったことがよくわかります。彼らの形《なり》は僧侶ですが、中身は武士です。比叡山はヤンキーを抱えていたけれども、禅宗にはいなかった。

井上　より銀行員に近いわけだ。

本郷　室町幕府は、権威をまとい暴力装置を備えた顕密（天台宗・真言宗）よりも、歴史が浅く僧兵もいない禅宗（臨済宗）のほうが扱いやすかったのです。

禅寺は観光ホテルだった!?

井上　京都の禅寺はだいたい庭がきれいで、拝観料をようけ取る印象があります。早くから拝観料を取り出したのも、禅寺だったと思います。室町期の禅寺は景色のいいところを選んで建てられます。これは、宗教としてはいかがなものか。ヨーロッパの修道院立地は、それほど風景を選考基準にしていません。庭があっても、野菜やブドウを栽培している。

本郷　収穫したぶどうで、ワインを作ったりしていますね。

井上　古い時代の寺、たとえば法隆寺《ほうりゅうじ》はそんなことにはこだわりませんでした。風景の美しさを楽しもうというのはエピキュリアン（快楽主義）のふるまいですよ。そんなものにはじめから靡《なび》いている宗教って、禅宗のことですが、いったい何だろうと思うわけです。この点も、仏教史で考える研究者があまりいません。

本郷　確かに、風光明媚《ふうこうめいび》な場所に作られていますね。でも、そこまで露骨なのは京都の禅寺だけではないですか。建長寺《けんちょうじ》の蘭渓道隆《らんけいどうりゅう》、円覚寺《えんがくじ》の無学祖元《むがくそげん》など、中国から来た渡来僧の影響が大きかった鎌倉の禅寺には、その傾向が少ないように思います。

井上　風光明媚でない街中では、きれいな庭園をいとなみます。拝観料を取る理由も、庭園を維持する庭師《にわし》の人件費と言われています。しかし、そもそも宗教施設にどうして美しい庭園を造らなければならないのか。

私が考えるに、禅寺の何割かは将軍や守護大名たちが暮らす事実上の別荘になっていた。彼らは権力闘争など政治のゴタゴタにうんざりした時、しばし政治を忘れて風景のいいところで遊びたいと思ったでしょう。そういう場所を用意したのが禅寺だった。さらに、上洛《じょうらく》する武家たちも禅寺に宿を取ります。そんな武将たちの目を慰《なぐさ》めたのも、丹精込めて手入れをした美しい庭です。しかも、そこでお茶まで点《た》ててもらえる。まるで、ホテルのサービスやないですか。

本郷　言わば、観光業ですね。

世襲と系列化

本郷　それでも、私が京都の禅宗を高く評価するのは、十方住持《じっぽうじゅうじ》制（師弟や宗派にこだわらず住持〔住職〕になれる制度）を最初、取ったからです。そして、どんな僻地《へきち》でも僧侶を派遣し、教えを伝えていく。その結果、地方に文化が育っていきました。僧侶が京都に戻ると、派遣された地方と京都の間に人的《じんてき》つながりができるわけです。

ところが、夢窓疎石の甥《おい》・春屋妙葩《しゅんおくみょうは》は度弟院《つちえん》（師弟関係で受け継がれていく子院）を作り、これを台無しにしたのです。自分の師を祀《まつ》るのは弟子の仕事であるという理屈で、いい寺のポストは同じ宗派で占められるようになったわけです。言うならば、系列化です。

井上　まるで、東大や京大の教授が、自分の研究室にいる講師や准教授を、地方国公立大学の教授ポストに押し込むようなもんやね。

本郷　日本は昔から世襲が強く、顕密も師と弟子のつながりが強固でした。そうした慣習とはまったく異なるものとして禅宗が入ってきたのに、いつのまにか顕密と同じような形になってしまった。そういう意味では、井上さんの言う禅密体制というのは当たっていると思います。

井上　後醍醐天皇の鎮魂をするために、禅坊主は天龍寺をこしらえさせました。やっていることは、顕密の頃と変わりません。権力とのつきあいでは、そのエッセンスを継いでもいます。私が顕密の延長線上に禅密を考え出したのは、そのせいです。もちろん、違いもあります。禅寺は、塔頭《たっちゅう》（本寺《ほんじ》の境内《けいだい》にある小寺院や別坊《べつぼう》）をたくさん造りましたね。ある僧侶を敬《うやま》った弟子たちが塔頭を造ると、また別の弟子たちも塔頭を造るというように、どんどん増えていったのですが、これも顕密にはあまりない。

本郷　院家《いんげ》（大寺院の別院）はありますけどね。

井上　でも、同じ境内には造らないでしょう。

本郷　足利義持《よしもち》（第四代将軍）は、北野《きたの》天満宮のなかにある松梅院《しょうばいいん》や石清水八幡宮が好きで、よくお参りに行きました。石清水八幡宮に行く時は、ちょっとした遠出と言っていい。院政期の上皇たちは熊野詣《くまのもうで》（熊野三山《さんざん》〔熊野本宮《ほんぐう》大社・熊野速玉《はやたま》大社・熊野那智《なち》大社〕への参詣）をしましたけど、そこまでの遠出ではありません。

井上　なるほど、熊野詣のミニチュア版ですね。

日本資本主義の黎明《れいめい》

井上　日本建築史の本を読むと、ほとんど寺の歴史そのものです。少なくとも飛鳥時代以後、建築技術の粋《すい》は寺院建築に集まりました。白河上皇のところには相当の財が集まり、上皇はその蕩尽《とうじん》をしたと思います。それが、法勝寺《ほっしょうじ》などになった。応仁の乱ぐらいまでは、寺が一番いい建築でした。白河院政の拠点となった政庁の建物も、近くにあったわけですが、そちらの普請には力を入れません。奈良時代の在地首長と言われる人たちも、自分の屋敷を立派にするのではなく、寺を造った。これはいったい何なのでしょうか。

本郷　浄土信仰なのかなあ。平安時代には豪華な寝殿造《しんでんづくり》（貴族の住宅様式）もありましたし、室町時代になると、立派な屋敷も建てられていますね。

井上　寝殿造をどうとらえるかは難しいのですが、それでも東寺のほうがずっと立派です。京都は湿地帯なので、家を造る時には地面を突き固めないといけません（版築《はんちく》）。地面を突き固めるために、敷地内の土を取ってきて埋める。だから、土を取ったところは池になります。南側に池のある寝殿造は、その副産物やと思うのですが。

本郷　確かに、お寺のほうが贅《ぜい》を尽くしていますね。

井上　ヨーロッパでも同じで、教会や修道院に建築技術が集中します。それだけ、宗教に力があったのです。日本でも比叡山や禅寺にお金が集まりましたが、寺の建築で蕩尽していた。その役割を担ったのが土倉です。

本郷　言わば、比叡山の下部組織ですか。

井上　比叡山とつきあいのある土倉より、禅寺とつきあいのある土倉が行なうようになったと私は考えています。

本郷　やがて、土倉がお金を蓄積し、お金がお金を生むようになった。そのお金を掠《かす》め取っていたのが室町幕府だった。最近の僧侶はお金に汚《きたな》いという批判をよく耳にしますが、昔から寺は権力やお金と密接に結びついていたことを知れば、そんなに目くじら立てることはないかもしれませんね。

井上　そうですよ。日本を資本主義に導《みちび》いたのは寺なのだから。

第六章

朝廷は下剋上《げこくじょう》で輝く

植民地からの解放

本郷　一四七七年に応仁の乱が終わり、京都から地元に帰った守護大名のなかで、戦国大名に脱皮できた人はほとんどいませんでした。つまり、京都とかかわりがなく、地元を大事に守っていた領主たちが戦国大名になっていった。その時、当然のことながら、その人の能力が成否を左右します。呉座勇一さんは、下剋上は実際にはなかったと主張していますが、私はあったと考えています。

井上　呉座さん、そこまで言っていましたか。いずれにしろ、私も下剋上を想定したい。少なくとも、荘園からの上がりで京都が何とか維持できる時代は終わったと見ていいのではないでしょうか。

本郷　戦国大名は京都の律令制と訣別《けつべつ》し、自分の力で土地を支配しました。領民にすれば、税を搾《しぼ》り取られるわ、築城に駆《か》り出されるわ、兵隊に引っ張られるわと、ろくな政権ではない。しかし、武田信玄《たけだしんげん》や上杉謙信《うえすぎけんしん》は、今でも地元の人たちから慕《した》われています。

井上　日本各地の立場に立つと、それまで京都の植民地めいた位置づけだったのが、戦国大名の登場によって、植民地から解放されたということでしょう。その意味で、中身の善《よ》し悪《あ》しはともかくとして、ある種の地方自治が始まったと言えなくもない。

本郷　そうだと思います。この間、大分県に行ったのですが、大分駅前に立つ大友宗麟《おおともそうりん》の銅像の前で、カップルが待ち合わせをしている。まるで、東京・渋谷《しぶや》のハチ公前です。つまり、大分の人たちにとって、大友宗麟はハチ公ぐらい親しみのある人物なのです。

井上　自分たちの郷土が生んだ最初の英雄なのでしょう。戦国時代から、郷土の歴史が始まるという地方もけっこうあると思います。まあ、南朝あたりから語られるところも多いんやけどね。

なぜ小京都が生まれたのか

本郷　戦国時代、日本各地に「小京都」が生まれました。それは京都の物産が地方へ伝播《でんぱ》することでもある。学問的には、それを京都の影響力が地方におよんだと見る人たちと、逆に地方が自立したと見る人たちに分かれます。

井上　各地が京都の軍門に降《くだ》ったわけではないと私は見ています。京都と似た町を、自分たちも作りたいという地方の自立心を重んじるべきです。第二章でも述べましたが、ＵＡ

Eのドバイはアメリカ風の近代都市ですが、アメリカの軍門に降ったととらえるよりも、ニューヨークに勝《まさ》る都市を造ったという自負心でとらえたほうがいいでしょう。

本郷　戦国時代に限らず、現代でも言えることだと。

井上　明治維新後、日本国内にどんどん西洋館が建ちました。それは文化的にヨーロッパの軍門に降っているように見えるけれども、実はヨーロッパの植民地になりたくない、あんな建物なら自分たちでも造れるという意志の表われとも言えます。

本郷　その論理では、地方の国立大学はけっして東京大学の小型版ではなく、地域の独自色を示している側面を考えるべきということになりますね。

井上　富山県小矢部《おやべ》市には、国内外の有名建築を模した「メルヘン建築」と呼ばれる建築物があります。東京帝国大学工学部土木工学科卒の松本正雄《まつもとまさお》市長（故人）が推進したもので、バッキンガム宮殿、シェーンブルン宮殿、ボストン公会堂、東京駅などに交《ま》じって、東大の安田《やすだ》講堂や教養学部棟もあります。

本郷　東大も、テーマパークのように消費される存在ということですね。

井上　戦国大名のなかには、京都から公家の娘が嫁いできたところもありました。収入が途絶えた公家は、娘を田舎大名に嫁がせ、婚家《こんか》からは仕送りをしてもらうようになるのです。でも、京都で生まれ育ったお姫様は毎日のように泣かはる。こんな何もない田舎町で夢も希望もないと。それで「この川は鴨川に似ているでしょう」などと慰めたようなこともあったでしょう。土佐《とさ》（現・高知県）の一条氏（五摂家の一条家の分家が土着して戦国大名化）が治めた中村《なかむら》（現・高知県四万十《しまんと》市）のような例もありますが。ちなみに中村では、京都と同じように大文字焼《だいもんじや》きを、今もしています。

本郷　それで、小京都を作ったわけか。

井上　二十世紀でも、京都市内中京《なかぎょう》区、下京《しもぎょう》区あたりで育った呉服問屋の娘さんが、取引の都合で、滋賀県近江八幡《おうみはちまん》市あたりに嫁ぐことはあった。その後は泣いて暮らさはったと聞かされますよ。戦国時代に、田舎大名の奥方となったお姫様の嘆《なげ》きがどれほどのことやったか。

本郷　戦国大名も、嫁いできたお姫様に御殿《ごてん》を造るぐらいは喜んでしたでしょうが、滅びる時は道連れとなるケースが多かった。

井上　お姫様を送る京都の公家には、養子縁組した町娘を「うちの姫です」と言うて地方に嫁がせる人もいたのではないでしょうか。

本郷　その可能性は大いにありますね。

貴族は文化で延命する

井上 戦国時代、無教養な地方の人たちに『古今和歌集《こきんわかしゅう》』『源氏物語』などの講釈をして、報酬をもらう公家もいたと思います。「田舎者に何がわかる」と見下《みくだ》しながら、教えたかもしれない。

本郷 その時、京都弁はすごい威力を発揮しますね。

井上 「古今伝授《こきんでんじゅ》（『古今和歌集』の講釈）」と言うと、たいそうなものに思えますが、実際はたいしたものでもない。たぶん、今の国文学が保っている研究水準のほうが高いと思います。

本郷 そうでしょう。ところが、週刊誌の袋とじのように中身を見せないので、何かすごくいいものではないかと思って聞くわけです。そのへんがやはりうまい。天皇の御宸筆《ごしんぴつ》（天皇や上皇がみずから執筆した文書）も、豪商たちが押しいただくようにして買っていました。伊勢神宮は戦国時代、一〇〇年ほど遷宮をできなかった時期がありましたから、朝廷や公家が窮乏《きゅうぼう》していたことは確かです。

井上 食えなくはなりました。だけど、死に絶えはしなかった。新しい価値、新しい形で生き長らえる道を見つけ出したのです。第一章でも触れましたが、伊勢神宮は応仁の乱後に収入が減ったことがきっかけで、全国に御師を派遣して伊勢信仰を広めました。伊勢神宮は立派な神社だと宣伝して回った結果、天照大神から神武天皇へという神話が全国に知られるようになったのでしょう。

同じように、戦国時代の困窮《こんきゅう》した公家たちによって、文化が地方へ伝播《でんぱ》していったのです。大学の文科系は今、どんどん予算を削《けず》られていますが、当時の朝廷や公家に、生き残りのヒントを学ぶべきかもしれません。

本郷　東大は、ビジネス・エリートを対象に、とびっきりの教授を講師とした特別授業「東京大学エグゼクティブ・マネジメント・プログラム（東大ＥＭＰ）」を開催していますよ。費用は半年で五〇〇万円を超えます。

井上　戦国時代の朝廷や公家と変わらんね。

本郷　山崎正和《やまざきまさかず》さん（大阪大学名誉教授）が述べているように、室町時代後期は江戸時代のような参勤交代がないにもかかわらず、京都の文化が日本のすみずみに行き渡りました。

井上　山口県に行くと、京都では失われた祇園祭の古い鷺舞《さぎまい》（鷺の頭と羽に見立てた飾りをつけて舞う芸能）が残っていて、それがヒントになり祇園祭での再生ができたこともあったようです。各地で、京都から届いた文化が後生《ごしょう》大事に伝統として保たれている。

官位の価値

本郷　この時期、伊勢神宮だけでなく、天皇家の儀式も伝統を失っています。江戸時代後期の光格《こうかく》天皇は、古式《こしき》を復活させようとしましたが、完全ではありませんでした。

井上　朝廷は言わば絶滅の危機にさらされたけれども、リバイバルの努力を進め、周りの実力者たちもそれを受け入れたのでしょう。

本郷　研究者によって見方が異なるのは、この時期の朝廷の官位（官職と位階）の価値です。たとえば、甲斐《かい》源氏の宗家《そうけ》（本家）である武田家には、御旗《みはた》（源義光《よしみつ》伝来とされる日章旗）と楯無《たてなし》（同・鎧《よろい》）という、他の武家がうらやむような家宝がありました。ところが、信玄は信濃《しなの》（現・長野県）を制圧した時点で、朝廷に官職「信濃守《しなののかみ》」を求めるのです。この信濃守が、信濃を統治するうえで力を持つか、ただの飾り、もしくは個人の名誉欲と見るかで、官位の価値は異なるわけです。

井上　江戸時代になると、幕府が朝廷の官位もコントロールしますが、戦国時代に朝廷の官位を得ることが、はたしてどれだけ統治に有利に働いたか。従三位、正四位になったからといって、それが領民たちに大きな意味を持ったとは思えない。しかし、自分が従四位なのに隣の領主が正四位になったら、これは気になる。朝廷はそういう田舎者の葛藤をお手玉のように弄《もてあそ》びながら、戦国大名をコントロールすることができたのではないでしょうか。それも延命の道だったと思います。

本郷　筑前《ちくぜん》（現・福岡県の一部）に少弐《しように》氏という守護大名がいました。元は藤原北家の流れを汲《く》む御家人・武藤《むとう》氏なのですが、資頼《すけより》の時に大宰少弐《だざいのしように》（大宰府の次官、68〜69ページの図表2）に任じられると、これを世襲していきます。そして、資頼の息子・資能《すけよし》から、少弐氏を名乗るのです。

井上　官職が名字になっていく。

本郷　のちに周防《すおう》（現・山口県の一部）、長門《ながと》（山口県の一部）、石見《いわみ》（島根県の一部）、安芸《あき》（広島県の一部）、筑前、豊前《ぶぜん》（福岡県の一部と大分県の一部）を領した戦国大名の大内義隆《おおうちよしたか》は、それを超える官職が欲しくてたまらない。

それで、朝廷に「大宰大弐《だいに》（大宰府の実質的な長官。少弐の上司）を寄こせ」と朝廷にかけあいます。しかし、大宰大弐は貴族のなかでも相当上の官職なので、天皇自身が否定的な見解を示すのですが、義隆はけっこうな献金をして手に入れました。

井上　大内氏は守護大名出身やし、領国も多い。言うならば、権威も権力も金も持っているはずなのに、それでも官職がほしい。自分より実力が下なのに、他の大名が宮中席次で上位にいることを腹立たしく思ったんやろか。そして、朝廷から「おまえ風情《ふぜい》がおこがましい」と突っぱねられれば、献金へのファイティング・スピリットが湧《わ》いてきたのかもしれません。あくまで、想像ですが。

戦国時代のキング・オブ・下品

井上　出自が卑《いや》しいという劣等感を持っている各地の実力者たちが、下剋上で伸《の》し上がると、京都の朝廷は自分たちの〝飾り〟を高く売ることができた。これが、天皇家の値打ちを今日《こんにち》に至るまで支えているカラクリだと思うのです。戦国時代に朝廷の値打ちが落ちたととらえるのではなく、むしろ新しい延命方法を見つけ、それまで以上に全国津々浦々《つつうらうら》へ、ご威光が通るようになったととらえてもいいのではないでしょうか。

本郷　今谷明《いまたにあきら》さん（日文研名誉教授）は、もっとも皇室の存続が危《あや》ぶまれたのは戦国時代ではなく、足利義満の頃であると述べていますが、その説に賛成ですか。

井上　義満が王権を簒奪しようとしたか否《いな》かについて、私に論評できる力はありません。ただ、室町幕府が朝廷の権能をすこしずつ奪い取っていったことは、朝廷にとってつらいことだったでしょう。室町幕府が力を持っていた時代よりも、下剋上だと言われた時代のほうが朝廷の値打ちは上がったんじゃあないでしょうか。下品な連中が伸し上がってくれたおかげで、延命できた部分はある。

本郷　そのなかの「キング・オブ・下品」が豊臣秀吉ですか。

井上　ははは、キング・オブ・下品ね。とにかく、文化的な権威は、朝廷もそうですが、絶滅の危機にある時こそ、がんばる。その瀬戸際《せとぎわ》に絞《しぼ》り出される力は侮《あなど》れないと思います。もうひとつ言いたいのは、下剋上の時代にこそ、京都という伝統が創造されたということです。伝統の創造は、近代だけの現象じゃありません。室町期にも作動しました。まあ、室町期は近代だったのかもしれませんが。

本郷　日本文学研究者のドナルド・キーンさん（コロンビア大学名誉教授）や山崎正和さんも同様な考えを持っていました。

井上　山崎さんの本、『室町記』は読みましたが、キーンさんもそうなのですか。

本郷　キーンさんによれば、室町幕府の第八代将軍・足利義政は将軍として0点であると。軍事だけでなく、政治も経済もわからない。しかし、義政こそ畳《たたみ》・床《とこ》の間《ま》・庭園などの日本建築、茶道《さどう》、華道《かどう》、能など、日本文化の原型を作ったと高く評価されています。井上説に則《そく》せば、下剋上があったからこそ京都や朝廷が輝いたということになりますね。

信長は朝廷を滅ぼそうとしたか

本郷　織田信長、豊臣秀吉、徳川家康という権力者たちが、天皇や将軍をどう取り扱おうとしたかという点について、井上さんはどのように考えていますか。

井上　天皇は資金がなくて即位礼もできず、退位もできない。にもかかわらず、王であり続けているわけです。一番落ちぶれた時の天皇は。そんな天皇に、権力の新参者は言うわけです。「私が即位礼を実現させます。儀式もやりましょう。宮殿も造ります」と。そして、そういう約束をかなえてあげられる満足感が、新参者の権力者にはあったのではないでしょうか。

本郷　信長の心中はそうだったと。

井上　信長もそうだし、秀吉はもっとそうだったと思います。そして、徳川三代（家康・秀忠《ひでただ》・家光《いえみつ》）も変わらなかったと思います（後述）。

本郷　もし信長が長生きしていたら、足利義満以上に天皇を不要と思ったと私は推測しています。

井上　その可能性はあるでしょう。でも、信長がそう考えれば考えるほど、そして信長の権力が続けば続くほど、朝廷はいっそう、あの手この手の生き残り戦略を展開したんじゃあないでしょうか。

　だから、ぜひ日本史の研究者には、朝廷とその周辺が生き残りをかけて打った手立てを復元してほしい。飾りのような権威しか持たない人が、どのようにして生き長らえていったかというのは、いい研究テーマだと思うのです。

本郷　信長が京都と最初に向き合った時、まず相手にしたのは朝廷ではなく室町幕府でした。将軍である足利義昭《よしあき》を追放した段階で、ようやく天皇が見えてきたと思います。その例証になるかはわかりませんが、信長は当初、口うるさい正親町天皇を皇位から降《お》ろそうと画策《かくさく》しました。しかし、信長は晩年、正親町天皇が誠仁《さねひと》親王に位《くらい》を譲《ゆず》ろうとするのを止めています。これについて、信長は院政というしくみをようやく知ったからではないかと私は考えています。

井上　院になったほうが、ややこしくなるかもしれない。

本郷　よりコントロールが難しくなるので、反対した。つまり、信長ははじめ、皇室についてあまりよく知らなかった可能性があります。

井上　将軍義昭は、信長を苛立《いらだ》たせる存在でしたが、もし大人しく言うことを聞いて飾りに徹《てつ》していたら、室町幕府は延命できたでしょうか。

本郷　それはあると思います。

井上　朝廷はそれまでの価値観をものともしない新参者の権力者が出てきた時にも、何とかやりすごそうとします。それこそ戦後に、昭和天皇が連合国軍最高司令官マッカーサーと並ぶ写真撮影を受け入れたのと同じぐらいの覚悟は、ある段階から秘めていたでしょう。しかし、義昭には飾りに徹する覚悟がなかった。

本郷　おそらく、そうでしょうね。

井上　そうすると、義昭にとって、室町幕府のしくみを延命させることは最大の目標じゃあなかったということになりますね。それよりも、自分の力を保持し、自分が輝きたいと思った。いっぽう、天皇家や公家たちは、朝廷のしくみを存続させることに重きを置いたのでしょうね。

本郷　自己顕示したい権力者と、千年単位で考えられる朝廷の違いですかね。義昭は歴史小説などではボンクラな人物として描かれていますが、能力はそれなりに高く、だからこそジタバタしたのかもしれません。わからないのは、なぜ信長が義昭を殺さなかったかという点です。追放ですませたのが、不思議なのです。

井上　下剋上華やかな戦国時代とはいえ、敬《うやま》わなければならないものがあったのですよ。義昭を亡き者にしたら、戦国大名たちへ信長に妥協しない口実を与えてしまう。場合によっては、信長に歯向かう錦《にしき》の御旗《みはた》を与えてしまうかもしれない。それだったら、うるさい蚊《か》のような奴だけれども、忍耐しようと思ったのではないですか。

本郷　伝統的勢力ともつきあっていくというところを見せたのかもしれないですね。

井上　懐《ふところ》の深さですよ。

安土城に込められた意図

井上　織田信長の伝記である『信長公記《しんちょうこうき》』によれば、信長は安土《あづち》城に天皇を迎えるための御殿を造っています（イラスト1の矢印）。信長は最上階の天主《てんしゅ》（天守）に居住しましたが、御殿は天主より下にありました。それによって、自分のほうが天皇より偉いことを示したのだという説がありますが、どう思われますか。

本郷　小島道裕《こじまみちひろ》さん（国立歴史民俗博物館教授）が、そのように述べられていますね。安土城の前の居城・岐阜城でも、信長はその最上部で暮らしていましたが、エレベーターも

イラスト1　安土城の本丸《ほんまる》全景

史料を元にCGで復元。のちの天守閣の原型になったと言われる天主(天守)の左が、天皇を迎える御幸《みゆき》の間《ま》と御座敷を備えた表《おもて》御殿《ごてん》(矢印部分)。上部に見えるのが琵琶《びわ》湖《こ》

復元：三浦正幸(広島大学名誉教授)、CG制作：株式会社エス

ない時代に、上ったり下りたりするのは大変だったでしょうね。

井上 高いほうにいるから偉いと本当に言えるのか。

本郷 「信長は安土城内に自身に代わる大石『梵山《ぼんざん》』を置き、御神体《ごしんたい》として敬《うやま》うように家臣・領民に命じた」と、宣教師ルイス・フロイスは書いています。これを朝尾直弘《あさおなおひろ》さん（京都大学名誉教授）は「信長は神になろうとしていた」と主張されています。信長は地上における一番の権力であり、権威であったと。

井上 豊臣秀吉は、豊国《とよくに》神社（豊臣氏滅亡後に社号を停止されるが、明治天皇により再興）で神となりました。徳川家康も、東照宮《とうしょうぐう》（日光《にっこう》東照宮）で神として祀《まつ》られています。同じことを信長も考えていたということですか。

本郷 いや、豊国神社や東照宮の程度なら、天皇を否定しているわけではありませんね。朝尾さんの主張は、やがて天皇とバッティングしただろうということです。

井上 仮に信長がそのような野望を持っていたとしても、朝廷は何とかやりくりして切り抜けたと思いますよ。

本郷 問題は、多くの研究者が、朝尾説を正面から否定しないにもかかわらず、「信長は天皇に対して敬意を払っていた」と主張していることです。偉い学者ゆえに批評・批判を避けるというのはよくないと思います。私自身は朝尾説を踏襲して、皇室の存続がもっとも危ぶまれたのは信長の時だと考えています。

井上　もし信長が神となり、安土城が聖域になったとしても、朝廷やその周辺には「あんなの長く続かないだろうから、適当によいしょしておけ」と考える人もいたでしょう。信長が延命していれば朝廷はなくなったかもしれないという。こういった議論は、朝廷のしたたかな生き残り術を軽く見ているように思います。

本郷　朝廷はそんな甘い組織ではない、たとえ御所焼き打ちがあっても滅びないということですね。

井上　もし、信長が御所を焼き払ったとしても、上杉・北条・毛利など他の大名たちが朝廷を担いだら、信長はどうなったでしょうか。それに延暦寺も、時の権力者と何度も対立し、焼き打ちをされながらも、再興・存続しています。

秀吉が関白を選んだ理由

本郷　豊臣秀吉が関白になる道を選んだのは、関白という地位に就《つ》いて天皇家を補佐することで、豊臣氏が続くことを想定したと言われていますが、井上さんはどう考えますか。

井上　織田信長が神になって天皇を凌駕《りょうが》しようとするのを秀吉が見ていたのなら、上様《うえさま》（信長）の失敗を踏まえて、自分は朝廷に尽くそうという道を選んだのかもしれません。そして、秀吉は信長以上に下世話な人物だったでしょうから、下世話であればあるほどお上《かみ》（天皇）を敬《うやま》い、利用しようとしたのかもしれません。

本郷　秀吉は計算ずくで動いていると思います。側室に公家出身のお姫様がいないのも、そのひとつです。

井上　秀吉の側室は戦国大名のお姫様ばかりで、とりわけ織田氏の血筋を継ぐ女性に理非を超えた愛情、と言うか性的な好奇心を示しました。お市《いち》の方をはじめ、美形が多かったのは事実ですが、それとは別に惹《ひ》かれるものがあったのでしょう。男の悲しい性《さが》を見るようですし、男としてもうひとつ自信がなかったような気もします。いっぽう、秀吉の乙女《おとめ》好みとは対照的に、徳川家康は後家《ごけ》殺しでした。

本郷　家康も、晩年は乙女好みになりました。若い時はとにかく子どもを作らなければいけないので、出産経験のある女性を側室にしたのだと思います。

井上　二代目の秀忠を信頼しきれなかったせいでしょうね。家康は晩年、寿命を延《の》ばすことに情熱を燃やすようになります。だから、若い娘を横に寝かせて、エキスを吸収しようとしたのかもしれません。

本郷　側室について見てもわかるように、キング・オブ・下品の秀吉にとって、朝廷の輝きはまさにまばゆいばかりだったんだろうなあ。

大坂城と聚楽第の違い

井上　本郷さんは、大坂城と聚楽第《じゅらくてい》のどちらが、豊臣秀吉の本質を表わしていると思いますか。

本郷　建物としておもしろいのは、聚楽第ですね。飛雲閣《ひうんかく》（現在西本願寺《にしほんがんじ》にあり、聚楽第の遺構とされる）のアンシンメトリー（非対称）な造りを見ると、よくこんな造形を造ったなあという感動があります。大坂城には、安土城よりも立派な天守閣がありました。戦国大名たちは大坂城を見て、「秀吉にはかなわない」と思ったらしい。

井上　秀吉は、大坂に堺《さかい》・伏見《ふしみ》の商人を集めて、新しい商業都市を作りました。にもかかわらず、京都に聚楽第を造り、天皇の近くにいようとしたわけです。このふるまいには、どのような意図があったのか。晩年には、大坂を捨てようとしていたのでしょうか。

本郷　大坂城は息子の秀頼に任せて、自分は京都の伏見城にいましたね。

井上　伏見はたぶん隠居用ですよ。

本郷　甥《おい》の秀次《ひでつぐ》とその一族を処刑した忌《い》まわしい一件がなければ、聚楽第を壊す必要はなかったわけですから、晩年は聚楽第に住むつもりだったのかもしれません。徳川家康が晩年、政治から一歩引いた形で駿河《するが》（現・静岡県の一部）の駿府《すんぷ》城に住んだように、秀吉が聚楽第に入ることはありえたと思います。

井上　でも、秀吉は駿府のような江戸から離れた地方ではなく、政治の中心地・京都を選んでいます。

本郷　信長も家康も小さくとも領主の息子として生まれ、家来・領民にかしずかれる立場でしたから、京都はそれほど居心地《いごこち》のいい、ありがたい場所ではなかった。秀吉は底辺を這《は》いつくばってきた人なので、京都をありがたいと思ったのではないでしょうか。

井上　家康は、秀吉ほど京都をありがたがらなかったと。しかし家康は、京都の寺社再建、大がかりな復興に取り組んでいます。お膝元《ひざもと》・江戸の造営なんてやっつけ仕事でしたから、なぜ家康は京都の寺社を豪華にしていったのかという疑問が生じます。

私の考えはこうです。天下は徳川のものとなり、政治の中心は江戸に移った。ここで京都の神社仏閣が寂《さび》れたら「徳川の世《よ》になって京都は廃《すた》れた」と思われる。京都の人にも「徳川の世になってよかった」と思われたい。そんな思いが、京都の建設ラッシュを生んだのではないか。

同様に、江戸幕府は大坂夏の陣のあとで、焼け落ちた大坂城を以前より大きくして再建しました。やはり、大坂の町民たちに、侮られたくないという思いがあった。『三国志』の故事「死せる孔明《こうめい》、生ける仲達《ちゅうたつ》を走らす（諸葛亮《しょかつりょう》孔明の死で退却を始めた蜀《しょく》軍を、魏《ぎ》軍の司馬《しば》仲達が追撃したところ、蜀軍が反撃したため、仲達は孔明の計略を疑い、追撃を中止した。生前の威光が死後も残っているというたとえ）」ではないけれども、死せる秀吉が家康を京都・大坂で走らせている部分もあると思う。

本郷　京都の復興については、秀頼も資金を出しています。家康が関《せき》ヶ原《はら》の戦い（一六〇〇年）以降、豊臣氏の財力を削《そ》ぐためにすすめたと言われています。

井上　確かに、秀頼も資金を出しています。しかし豊臣氏滅亡後も、第三代将軍・家光まで建設作業は続きます。でも、第四代将軍・家綱《いえつな》の頃には控えだしました。もう京都に対して気を使わなくてもいい、見栄を張る必要もない。すなわち徳川の権威も固まったと考えたのではないでしょうか。

本郷　家康という人物は、周囲をよく観察して手を打つ政治家なので、どこまでが彼の好みで、どこまでが計算ずくか、わからないところがあります。

井上　そうやね。本郷さんは、関ヶ原の戦いが終わったあとの論功行賞《ろんこうこうしょう》で、家康は家臣たち、すなわち譜代大名には渋《しぶ》かったと言及されました（『壬申の乱と関ヶ原の戦い』）。家臣たちにしてみれば、他の大名をあんなに厚遇する余裕があるんやったら、わしらのサラリー上げてくれよという気持ちだったかもしれんね。

本郷　実は、家康は三河《みかわ》（現・愛知県の一部）武士団をあまり信用していませんでした。嫌っていたとすら感じます。一五六三〜一五六四年、三河で一向一揆《いっこういっき》が起きました。この時、一部の家臣たちは一向宗側につき、家康に刃《やいば》を向けています。その不信感が拭《ぬぐ》えなかったように思います。

二重公儀体制を批判する

井上　徳川家康は源頼朝と同じように関東に居を定め、京都と距離を取りました。家康が見すえていたのは朝廷なのか、それとも大坂の豊臣氏だったのか。

本郷　笠谷和比古《かさやかずひこ》さん（日文研名誉教授）は、当時の政治状況として「二重公儀体制」を唱えています。これは、関ヶ原の合戦後から大坂冬の陣まで（一六〇〇〜一六一四年）、征夷大将軍《せいいたいしょうぐん》の徳川氏（江戸）と関白任官を控えた豊臣氏（大坂）というふたつの政治権力が並立したとするものです。

井上　大名への領地差配に関して言えば、豊臣氏にその力はありませんでした。

本郷　私が二重公儀体制に反論している根拠は、将軍権力の二元論（137ページ）です。武家政権の場合、軍事が要《かなめ》となります。軍事とは、将軍が家臣に戦場で戦うこと（奉公《ほうこう》）を求める代わりに、土地（御恩《ごおん》）を与えることです。そうすると、土地の差配をする、つまり土地を割り振れることは天下人《てんかびと》であるという理屈になります。関ヶ原の戦いのあと、土地の差配をした家康こそ、たとえ征夷大将軍の任命前であっても、天下人なのです。

私の説を批判する場合、「おまえの言う将軍権力は、鎌倉幕府から足利尊氏の頃までの将軍権力にすぎない」と言うのなら、理《り》があります。中世という古い時代のもので、経済や文化の要素が入っていないから、近世の天下人や公儀について考え直す必要があるというのであれば、その通りです。

井上　公儀そのものの定義を変える必要がありますね。
本郷　そう説くのは有効ですが、まだそうした議論はありません。
井上　歴史だけでなく人文系の研究をめぐる論争で気になるのは、しばしばおたがいが違う定義にもとづいて論争をしていることです。定義が違っていては、平行線で終わってしまう。

豊臣氏延命策と毛利輝元秘話

本郷　徳川家康は、豊臣氏をつぶすのに一五年かけています。そして、豊臣氏の息の根を止めて安心したせいか、大坂夏の陣の翌年、一六一六年に亡くなります。それだけ、豊臣氏を脅威と感じていたのか。
井上　むしろ、息子の秀忠（第二代将軍）をもうひとつ信用しきれなかったのではありませんか。秀忠の天下になった時にパワーバランスが変化して、豊臣秀頼が盛り返してくる可能性がある以上、自分の目が黒いうちに豊臣氏を何とかしなければならないと考えた。その意味で、豊臣氏も存在感を持っていたという、その程度には、二重公儀体制だったのではないでしょうか。

本郷　毛利輝元《てるもと》はその点を見ていました。輝元は大坂冬の陣の時、毛利家と血のつながりが濃い内藤元盛《ないとうもともり》に名前を変えさせて、大坂城に送り込みます。その際、輝元は「大坂城ほどの城であれば三～四年は持つ。その間に家康が死ぬかもしれない。だから、おまえは毛利家のために豊臣側についてくれ。どんなことがあっても家は存続させる」と言います。しかし大坂城落城後、輝元は元盛やその息子たちまで腹を切らせて口封じをしました。ひどい主君です。

井上　大坂城、すなわち豊臣氏は、二股《ふたまた》をかけられる程度に力のある存在ではあったと思います。別の話ですが、豊臣氏の延命策として、摂関家の一員になるというのはどうでしょうか。すなわち、近衛家・九条家・鷹司家・一条家・二条家・豊臣家の六摂家になる。もちろん、秀頼が摂政・関白になった場合、家康没後に権力を奪還しようと動く可能性も担保しておけるわけですが。

本郷　大坂城を出ないとだめでしょう。豊臣氏は当時六五万石の領地を持っていましたが、関東たとえば川越《かわごえ》三万石くらいで江戸幕府の監視下に置かれてもかまいませんし、淀殿を人質に出しますと持ちかけたら、家康もさすがに殺せなかったでしょう。ただ淀殿が毒親すぎたうえに、秀頼は側近に恵まれなかったから、無理かなあ。

井上　これは空想にすぎませんが、大坂夏の陣の時、秀頼がキリスト教の布教を受け入れる代わりにイスパニアの無敵艦隊《アルマダ》から援護をもらったら、大坂はスペイン・ポルトガルの植民地になるけど、豊臣氏はインドの藩王《はんおう》（イギリスの支配下で限定された内政権を持った王侯）のように延命できたかもしれません。もし大坂がマカオのようになっていたら、国会で論争をしなくてもカジノはできたかもしれない。もっと言うと、大坂は大日本帝国の戦争に参加しなくてもすんだかもしれない。

いやいや、ここらあたりで止めておきましょう。日本史はそういうふうに進まないんです。国民国家などという枠組みができる明治よりずっと前から、一国としてまとまっていました。大坂独立はありえません。そういう国なんやなあ。

家康は朝廷をどう見ていたか

本郷　徳川家康が豊臣氏を意識するのと同時に、朝廷をどう見ていたのかが気になります。織田信長の場合、すでに述べたように、朝廷に関しては足利義昭の放逐《ほうちく》後に本格化しましたが、家康は豊臣氏を片づけたあと、朝廷をつぶそうと思っていたのか。それとも、禁中並公家諸法度《きんちゆうならびにくげしょはっと》（朝廷・公家の統制法）を発した時点で、存続を許したのか。

井上　禁中並公家諸法度の制定はいつですか。

本郷　一六一五年、大坂城落城後、家康のイニシアチブのもとに出されました。一言で言えば、天皇は大名や寺社から離れて、勉強しなさいというものです。朝廷に対して強い姿勢を示したわけです。

井上　豊臣氏が生き残っていれば、朝廷は担がれるかもしれず、徳川の脅威となったかもしれません。が、武力を持たず、武士を動員できない朝廷なら、怯《おび》える必要はなかったと思います。その意味では、承久の乱を起こした後鳥羽上皇や正中《しょうちゅう》の変（一三二四年）を起こした後醍醐天皇と比べて、はるかに力は弱かった。それに、朝廷の最大の目標は延命であり、夢にも政治権力を握ろうとは思っていなかったでしょう。

本郷　江戸幕府の朝廷への関与が強まるきっかけとなったのが、一六〇七年の猪熊《いのくま》事件です。これは、『源氏物語』の主人公・光源氏《ひかるげんじ》の再来と言われたイケメンの公家・猪熊教利《のりとし》が、後陽成《ごようぜい》天皇寵愛《ちょうあい》の女官を含め、宮中で乱交パーティーを開いていたことが発覚したスキャンダルです。後陽成天皇はカンカンになり、家康に関係者全員を斬首するよう求めています。しかし家康は引き受けたものの、全員の首を切るわけにもいかないので教利を斬首、他は島流しなどにしました。

井上 私は、こう考えます。朝廷には、女房という名のきれいなおねえさんたちがたくさんいた。彼女たちと交《まじ》わりたい公家や武家も多かった。そして、そのような催《もよお》しは朝廷の権力の源泉になり、時には武力を動員する切り札になった。美形ぞろいで、ややふしだらというところが、おっさんを惹《ひ》きつける。政治力の磁場になっていました。実際、後醍醐天皇の時代には、新田義貞らが籠絡《ろうらく》されています。北朝鮮の喜《よろこ》び組《ぐみ》が、金《キム》王朝の権力の源泉になるようなものです。ひょっとしたら、喜び組のおねえさんたちは、朝鮮労働党の幹部に下げ渡されているかもしれません。

本郷 喜び組は、外貨も稼いでいますね。

井上 平安時代には乱交パーティーも、ままあった。ところが、後陽成天皇の頃だと、朝廷は政治力や武力で生き残るつもりがありません。おねえさんで武力を籠絡する、私の言う美人力も、もう必要ない。淫《みだ》らさを文化的な武器とする必要性もなくなりました。以前と違い、朝廷は倫理的にふるまいだしていたと思います。

本郷 清く正しく美しく、ということですね。

なぜ秀忠は激怒したのか

本郷　一六二四年、徳川秀忠の娘・和子《まさこ》（東福門院《とうふくもんいん》）が、後水尾《ごみずのお》天皇の皇后になりました。家康は、亡くなる前にこれを朝廷に約束させている。ということは、家康は朝廷をつぶすことは考えていなかったということになります。天皇家と姻戚関係になるという発想じたいが陳腐《ちんぷ》な気がしますが、平清盛も源頼朝もそうしています。

井上　朝廷からすれば、和子を導《みちび》きの糸として、幕府からお金を引き出そうとしたのではないでしょうか。後水尾天皇自身は当初、和子が妻となることを嫌がっていたようですが。

本郷　おそらく、器量よしではなかったのでしょう。後水尾天皇は、和子の入内《じゅだい》（天皇の居所・内裏《だいり》に入ること）前に、女官の四辻与津子《よつつじよつこ》を寵愛して子ども（賀茂宮《かものみや》・文智女王《ぶんち》）を産ませています。それがわかると秀忠は激怒、後水尾天皇の近臣を配流しています。

　当時、天皇が側室を持つのはあたりまえでしたから、なぜ秀忠が怒るのかわからない。ひとつ考えられるのは、幕府は朱子学《しゅし》（十二世紀に朱熹《しゅき》が大成した儒学の一派。身分秩序を重視したため、体制維持のため江戸幕府が保護）を国の教えにしようとしており、長子相続が主流になる。そうなると、賀茂宮（のちに夭逝《ようせい》）が次期天皇となり、和子の産んだ子どもが天皇になれないことを恐れたのかもしれません。

井上　もし、そうだとすれば、秀忠は朝廷を重んじていたということになります。朝廷なんかどうでもいいと考えていたら、そんなことで怒ったりしませんから。重要だと認識しているからこそ、思い通りにならないことでイライラしているのです。

本郷　そうですね。その後、一六二七年に紫衣《しえ》事件が起こります。後水尾天皇が高僧たちに与えた勅許《ちょっきょ》（紫色の袈裟を身に着けることを認める）が、禁中並公家諸法度に違反しているとして、無効とされたのです。この時に配流された僧侶のなかには、沢庵《たくあん》（沢庵宗《そう》彭《ほう》）がいました。

この一件で、徳川家光（第三代将軍）は乳母の福《ふく》を朝廷に派遣します。しかし、福は無位無官ですから、通常なら天皇に会うことはもちろん、昇殿さえできません。そこで三《さん》条西実条《じょうにしさねえだ》の妹として拝謁、その時に賜《たまわ》った称号が「春日局《かすがのつぼね》」です。後水尾天皇は幕府のやりかたに憤《いきどお》り、退位。一六二九年に即位したのが、後水尾天皇と和子の間に生まれた明正《めいしょう》天皇で、奈良時代の称徳《しょうとく》天皇以来約八六〇年ぶりに女性天皇が誕生しました。

秀吉の再評価

本郷　織田信長、豊臣秀吉、徳川家康。この三人のなかで、江戸時代にもっとも民衆に人気があったのは秀吉でした。秀吉の出世物語が支持されたのです。言い換えれば、上方《かみがた》中心の文化が支持されたと言ってもいい。

井上　家康の神格化が図られた江戸時代に、秀吉が一番人気だったのですか。

本郷　はい。信長は明治時代に勤皇家として見直されましたが、秀吉人気にはおよびませんでした。戦後は高度成長とともに、経営者の間で家康人気が高まります。そして、相対的に秀吉の人気が落ち込み、今はおそらくもっとも人気がない。

井上　秀吉と家康が戦った小牧《こまき》・長久手《ながくて》の戦い（一五八四年）について述べましょう。あの戦いでは一部の局地戦に家康が勝ちます。しかし、全体としてとても家康が勝った戦争だとは言えません。にもかかわらず、神君《しんくん》家康公の勝利として高らかに語られたのは、やはり江戸時代だったからだと言わざるを得ません。あの戦いがそもそも小牧・長久手と呼ばれ、つまり家康勝利の局地戦で戦争の全体が名指されたことじたい、秀吉の侮られていたことを示しています。本郷さんなら何と呼びますか。

本郷　局地戦でしたから、小牧・犬山《いぬやま》戦争ですね。

井上　この戦いで、家康はほとんど城に籠《こも》っていました。その膠着《こうちゃく》状態を見越した秀吉はしばしば大坂に戻り、大坂城を造ったり、大坂の都市計画を進めたりしました。さらに、伊勢神宮の遷宮を手がけ、比叡山の再興に向けた差配をするなど、さまざまな国家行事を成し遂げています。

つまり、秀吉にとって小牧・長久手の戦いは片手間《かたてま》の戦争だった。いっぽう、家康にとってはガチンコの総力戦だった。にもかかわらず、江戸時代には、秀吉がゆとりを持っていたと語られず、神君家康公の栄光として語られました。

本郷　秀吉は結局、伊勢方面を制圧して織田信雄《のぶかつ》（信長の次男）を降伏に追い込みます。その結果、家康は担ぐ御輿《みこし》を失った。この段階で、秀吉が総力戦で家康と戦ったら、勝てたと思います。

井上　秀吉は、戦争においてもコスト感覚に秀《ひい》でた人だったと思います。この戦いでも、多くの武士たちを無駄に死なせたくなかったのでしょう。晩年は耄碌《もうろく》してスターリンのようになってしまいましたが、大坂城の普請もしながら戦争を差配したわけですから、相当に優秀な経営者です。

本郷　家康は秀吉に比べ、物事を俯瞰《ふかん》して見るという姿勢が足りなかった。その意味でも、京都を摑《つか》んでいると視野が広がります。「田舎の勤勉より、京都で昼寝」とまで言うと、大げさかな。

井上　歴史の読み解きでは、コストが重視されるべきだと思います。こう言い切る私は、マルキストの亜流なのかもしれませんが。

第七章 鎖国と米《こめ》本位制

鎖国をめぐる論争

井上 江戸時代、特定の国や地域（オランダ・中国・朝鮮・琉球《りゅうきゅう》・アイヌ民族）以外との貿易はもちろん、交流までも禁じられました。江戸幕府は貿易の利潤で日本列島全体を活性化しようと考えなかったわけやね。その点では、織田信長や豊臣秀吉に比べて、反動的だったと思います。

本郷 その議論の前提として、最近の歴史学会で「いわゆる鎖国はなかった」という議論が行なわれていることに触れておきたい。幕府は貿易統制を行なっただけで、国を閉ざしたわけではないという主張です。それと連動して、教科書から鎖国という言葉が消えるという動きがあるのですが、私は反対です。日本はやはり相当な程度、鎖国だったというのが、私の見解です。

井上 十六世紀後半から、東南アジア各地に日本人町ができました。岩生成一《いわおせいいち》さん（東京大学名誉教授、故人）の著書『南洋日本町の研究』を読むと、みな十七世紀の中頃には寂《さび》れていきます。幕府が、日本からの出国と外地《がいち》からの帰国を禁止したからです。

本郷 「鎖国はなかった」などと言っている研究者は、じゃがたらお春（イタリア人の父親と日本人の母親の間に生まれた長崎の女性。鎖国によってジャガタラ〔ジャカルタ〕に追放された）や、大黒屋光太夫《だいこくやこうだゆう》（ロシアに漂流した伊勢の船頭。ロシア皇帝に謁見後、ラクスマンの船で帰国）に土下座して謝《あやま》らなければだめですよ。

井上　あえて帝国主義者風に申し上げます。もし鎖国をせず、大航海時代（十五〜十七世紀）のスペイン・ポルトガルや七つの海を支配した大英帝国のように、大坂商人が大船団を擁《よう》して一大貿易圏を構成していたら、東南アジアとは今も日本語で往《ゆ》き来《き》ができたかもしれへん。ひょっとしたら、ですよ。大坂海軍は大英帝国海軍とインド洋で、世界市場争奪の大海戦を繰り広げたかもしれへん。その戦いに勝っていたら、アングロサクソンによる英語帝国主義は成立せず、今頃、世界の共通語は関西弁やった（笑）。

本郷　ＢＳの番組でもおっしゃっていた井上さんの持論ですね。

日本の海外進出の特徴

井上　これは山勘《やまかん》で、何の論証もできませんが、江戸時代の鎖国的である、その度合いは今の北朝鮮よりもずっと強かったと思います。

本郷　それは、そうでしょう。北朝鮮は、中国・ロシアなど他国と貿易をしないと食っていけませんから。江戸時代の日本は幸《こう》か不幸か、貿易をしなくても食っていけた。つまり、それぐらい国土が豊かだったのです。今の日本は食料自給率が低いので（二〇一六年三八パーセント、農林水産省ホームページより）、鎖国したらすぐに立ち行かなくなりますが、当時の日本は自給できました。

井上　まちがいなく鎖国があったと私が考える根拠がいくつかあるのですが、そのひとつに長崎の出島《でじま》事情もあります。オランダ人・中国人・朝鮮人などが出島に上陸して、江戸まで挨拶《あいさつ》に行く人もいました。ところが、女性は上陸できませんでした。江戸幕府は外国人女性が船から出て出島に上陸することを許さなかったのです。

本郷　それは、意外ですね。

井上　ヤン・コック・ブロンホフというオランダ人の商館長がいました。自分は病弱で妻に看病をしてほしい。上陸を許可してくれと申し入れたのですが、幕府は許しません。すると、出島近くの船にブロンホフ夫人・ティティアがいるというので、日本の絵師たちが群がり、彼女の肖像画が描かれるのです。それらの絵は今でも残っています。はじめて見る白人女性に興味津々《しんしん》だったのでしょう。

本郷　ハリウッド女優が大好きだけど、近寄りがたいというような心理ですかね。

井上　まるで、日本列島全体を大相撲の土俵に見立てるかのようです。だから、せめて女性史研究者には「鎖国があった」と主張してほしい。

本郷　幕府はどうして、女性の上陸を禁じたのでしょう。

井上　外国人の女性に対して、宗教的とも言える恐怖を抱いていたと思います。

本郷　ミソジニー（女性嫌悪）みたいなものですか。

井上　日本の女性も、出島へ入ることは許されませんでした。日本の男性は、届けを出せば許されたのに。でも、丸山《まるやま》遊郭（現・長崎県長崎市）の遊女だけは、女でも出入りが認められています。これって、どういうミソジニーなんでしょうか。

本郷　井沢元彦《いざわもとひこ》さん（作家）が、おもしろいことを言っていました。織田信長の頃までは日本領と言っても、いくつかの都市を占拠する程度だった。つまり「点」だった。ところが、豊臣秀吉は朝鮮を日本領にしようとして出兵した。つまり、点ではなく「面」を取ろうとして失敗したと。

スペイン・ポルトガルは十六世紀、アジアを植民地にしようと画策しましたが、本国の人口が一〇〇〇万人程度なので、その植民地経営にはかなり無理がありました。イギリス・オランダなどヨーロッパの列強が、本格的にアジアで植民地経営に乗り出すのは十八世紀になってからです。だから、秀吉が面ではなく点にとどめていたら、アジアのあちこちに日本の影響力がおよんだ可能性があると思います。

井上　秀吉は、中国や朝鮮半島の歴史についてそこそこ知っていたし、中国はしばしば異民族に支配されたこともわかっていたでしょう。わかっていて妙な野心を抱いた可能性がある。また、秀吉は長崎をイエズス会に奪われるかもしれないと怯《おび》えてもいました。それならば、自分たちも世界各地に長崎のような拠点を作ればいいと、どうして考えなかったのでしょう。中国を面で支配するのは大変だけど、世界各地へ拠点を点々と設けるのは、それほど大変でもないのに。

本郷　スペイン・ポルトガルは植民地政策を取ったので、今でも南アメリカなどでスペイン語やポルトガル語が使えます。ただ、イギリス・オランダといった新興国にお株《かぶ》を取られてしまった。同じように、日本が海外進出していたら日本語が使える地域が残ったかもしれないけれども、せいぜいスペイン・ポルトガル止まりだと井沢さんは言っていました。

井上　それでも、南米の人口は大きいよ。日本語人口がそれだけ大きくなっておれば、日本語で書かれるわれわれの本も、もっと売れるようになったかもしれません。さもしい話ですが。

銭《ぜに》本位制から米本位制へ

井上　私は、江戸幕府が日本をゼニカネの世の中に向かわせたと、とても思えない。しかし、世の中は全体として貨幣経済のほうへ移るので、幕府はそれを抑《おさ》えようとしています。幕閣《ばつかく》（大老、老中）のなかにも、お金にまみれる者が出現しました。

本郷　大久保長安《おおくぼながやす》（江戸時代初期の代官頭《だいかんがしら》。死後に不正蓄財を疑われて遺子は切腹、家は改易された）、田沼意次《たぬまおきつぐ》（江戸時代中期の老中。賄賂《わいろ》政治で不評を買い、第十代将軍・家治《いえはる》の死後に失脚）ですね。

井上　彼らが悪役として語られるということじたいが、江戸時代の姿を表わしています。すなわち、幕府が保護した朱子学の価値観「貴穀賤金《きこくせんきん》（お金よりも米穀を重んじるべき）」が底流にあるのです。

本郷　豊臣秀吉による天下統一を受けて、幕府は日本列島全体を治めることにすごく熱心だった気がします。その時に大きな問題となったのが、税金の取り方です。秀吉の時は銭《せん》貨《か》で取っていたのを、米で取るように変えています。銭貨だと払えない地方があり、米であれば支払い方法を統一できる。上ではなく下に揃えたわけです。あえて経済の後退を承知で、言わば銭《ぜに》本位制から米《こめ》本位制へと転換した。

井上　幕府は、経済が世の中を動かすようになっていることを十分に自覚していた。まちがいなく世の中はブルジョワ化の方向に動いていると気づいていた。だからこそ、危機感を持ち、そうさせてはいけないと考えたのではないでしょうか。

本郷　そうかもしれません。鎌倉時代、源頼朝は、質実剛健が武士の徳目であると言いました。しかし、鎌倉時代を見てみると、一二五〇年頃までには銭貨が大量に流通して経済が活性化しています。武士自身が珍しい物品を買い漁《あさ》り、結局は鎌倉幕府の崩壊に至りました。それと同じ歴史を、江戸幕府も辿《たど》るわけです。

井上　第八代将軍・徳川吉宗《よしむね》（一七一六～一七四五年の享保《きょうほう》の改革）や、老中・松平定信《まつだいらさだのぶ》（一七八七～一七九三年の寛政《かんせい》の改革）は改革を試みますが、うまくいきませんでした。老中・水野《みずの》忠邦《ただくに》（一八四一～一八四三年の天保《てんぽう》の改革）などは大失敗して、幕府の権威を失墜させてしまいます。経済の力が大きくなると、世の中が質実剛健だけでは回らなくなります。経済を引き締める改革がうまくいかないのも、そのせいでしょう。

大きいことはいいことだ

本郷 私は徳川家康を高く評価しているのですが、どうしても好きになれないのが、彼の美的感覚の欠如です。家康は美しい建物を造ることよりも、大きい建物を造ることに執心《しゅうしん》しました。井上さんは、家康が大坂城を再建する時に豊臣秀吉の頃よりも大きくしたとおっしゃっていましたが、江戸城や駿府城の櫓《やぐら》を見ても、ただただデカいばかりで美しさが欠けている。かつて流行した言葉「大きいことはいいことだ」そのものです。

井上 一九六〇年代の後半に、指揮者の山本直純《やまもとなおずみ》が作曲・出演した、チョコレートのCMやね。

本郷 それは成金《なりきん》の発想で、上方《かみがた》(京都・大坂など)の商人はシニカルな笑いを浮かべていたでしょう。

井上 上方の見栄《みえ》に対して、江戸の粋《いき》というわけにはいかないんでしょうかね。

本郷 お金の使い方の大先輩は、やはり上方です。庶民レベルでも上方中心の経済圏があり、江戸にも影響を与えていました。まず上方から江戸へ豊かさが伝播し、続いて文化も江戸に伝わっていった。物資も文化も上方から江戸へと下るのであって、江戸から上方へは下らない。お酒も呉服も、上方のものがいい、江戸のものは「くだらない」わけです。

井上　家康は遺言で東照宮の建立を指示し、天皇並みとは言わないまでも神君となって神話を作ろうとしました。いっぽう、源頼朝はそのような権威づけにあまり情熱を傾《かたむ》けませんでした。

本郷　頼朝は、天皇並みになろうなどとまったく考えていなかったでしょう。自分は関東の軍閥で十分と思っていた。

井上　張作霖《ちょうさくりん》（二十世紀、中華民国時代の北方軍閥の首領）でいい。北京《ペキン》の皇帝にはならないと。

本郷　それぐらいの気持ちだったのではないでしょうか。承久の乱の時の北条義時にしても、戦わないと滅ぼされるから、しかたなく立ち上がったのであって、天皇をどうにかしようとは考えていなかったでしょう。

自分を箔《はく》づけしたかったのは、秀吉です。関白として諸大名を睥睨《へいげい》するなか、自分を大きく見せる演出をしました。北野大茶湯《きたののおおちゃのゆ》（一五八七年、京都・北野天満宮で行なった茶会《ちゃかい》。

身分の別なく参加できた）や醍醐《だいご》の花見（一五九八年、京都・醍醐寺で行なった花見の宴《うたげ》）など、日本人にはないスケールです。大坂城もそれまでの城と比べて空前絶後の規模でした。家康は、その秀吉に対抗するために、意識して「大きいこと」にこだわったのかもしれません。

士農工商は死語!?

井上　士農工商という序列、順番は実態を表わしていなかったと聞かされることがあります。江戸時代に、よく言われるほど士農工商という身分序列は整っていたのでしょうか。

本郷　詳しく調べたわけではありませんが、明治政府が「四民《しみん》平等」を謳《うた》っていますから、江戸時代はそうではなかったと考えるのが自然です。ちなみに、最近の教科書では、士農工商を前面に出してはいません。武士・百姓・職人・町人などとして、「『士農工商』と呼ぶこともある」とトーンダウンしています。

井上　江戸幕府は農作物に課税したけれども、商人から今の法人税や事業所得税にあたる税金を取りませんでした。つまり、大きな財源を見過ごしていた。しかし、商人たちに運《うん》上《じよう》（営業税）や冥加《みようが》（免許税）を課しました。

本郷　商業は何も作らないし、生み出さないから格が低いという発想は、日本だけでなく世界各地で見られることです。お金のやりとりだけで利潤を生むのは卑《いや》しい、税金を取るのはもっと卑しい、という感覚ではないですか。

井上　キリスト教でも、以前はそうでした。物を売り買いするだけで利ざやを稼ぐのは人の道に悖《もと》る、堕落した仕事という考えです。イスラム教なんか、今でも、表立ってはすすめていません。

本郷　ヨーロッパでは十六世紀、カルヴァンの出現により、ようやくお金儲けは神の御業《みわざ》に沿うことであるという発想が出てきます（142ページ）。同時期に活躍した、イギリスの劇作家シェークスピアの作品『ヴェニスの商人』を読めば、当時の風潮がよくわかります。

井上　この作品で、ヴェニス（ヴェネツィア）の高利貸しであるシャイロックは悪者として描かれています。実際のヴェネツィアでは商人たちが天下を取っていたし、フィレンツェでもメディチ家をはじめとする銀行家たちが牛耳《ぎゆうじ》っていました。ただし、商人の天下は都市にとどまり、国家全域には広がりませんでした。

本郷　そういう意味では、中国は昔から国家レベルでお金儲けが行なわれた国ですね。日本が自動車や電化製品の輸出で貿易黒字を積み上げていた頃、中国人が「中国は四〇〇〇年の歴史を通してお金儲けしてきた国だから、商売で中国人に勝てると思うほうがおかしい」と言っていたのが、印象的でした。

秀吉と家康の決定的差

井上　江戸幕府が商業に冷たかったことと関連して、ひとつの光景が浮かびます。それは、高層建築のない町です。商家は商売が繁盛すれば、売場面積を増やし、従業員を増やしたく思うものです。店を大きくするために、建物を高層にする。ところが幕府は、三井《みつい》・紀伊国屋《きのくにや》・奈良屋《ならや》・住友《すみとも》のような豪商でも、二階建て以上の建物を許しませんでした。当時、土蔵《どぞう》造りなら、四階建てぐらいは建設できましたが、それをさせなかった。

本郷　なぜ高層建築を許さなかったのですか。

井上　商人風情《ふぜい》が上の階から武士を見下ろすなどということは許せないと考えたのです。この規制は、幕末まで変わりませんでした。

本郷　豊臣秀吉は違いましたね。

井上　秀吉は大坂城の城下町で、三層まで認めています。その意味では、ブルジョワにやや寛容だったと思います。一八八九年には、大阪の茶屋町《ちゃやまち》に九階建ての木造建築が「凌雲閣《りょううんかく》」としてできます。明治時代には、ブルジョワの建築的な夢が解放されたんやね。現在、企業は建築基準法などをクリアすれば高層ビルをどんどん建てていますし、皇居や首相官邸より高いタワーマンションも数えきれないほどありますが、江戸時代はそうじゃあなかった。

本郷　秀吉のほうが、すぐれた経済感覚を持っていましたね。ただ、金が金を生むという理屈はわかっていなかったかもしれません。

井上　いや、秀吉はわかっていたと思う。戦国の世で銃や馬を揃えるために、どれだけ金が必要だったたか。その金を得るため、堺の商人たちにどれだけ頭を下げたか。その苦労や重要性をわかっていたからこそ、豪商出身の小西行長《こにしゆきなが》や兵站《へいたん》で才能を発揮した石田三成などを取り立てたのです。

本郷　なるほど、それは説得力があります。江戸時代は、国の教えとして取り入れた朱子学の影響も大きかったと思うのです。朱子学は商業に対して冷淡です。朱子学を導入したから商業に冷たくなったのか、商業に冷たいから朱子学を取り入れたのか。井上さんのお話を聞くかぎり、後者のような気がします。ただ、中国は表《おもて》では儒学を立てて商人を低く評価するように見えて、裏では商業を重視していました。江戸幕府はその表と裏の使い分けがわからず、商業をやりづらい世の中を作ってしまったのではないでしょうか。

商業都市を保護しなかったツケ

井上　フランスのブルボン王朝は、有力貴族がたくさんあるなかで、ブルボン王家をより強くするために、商業都市を守ります。その見返りとして入る上納金を資金源としたのです。ですから、ブルボン王家を絶対王政にまで押し上げたのは、お金の力です。江戸幕府もそうなる可能性は大いにありました。京都・大坂の商人たちの利益を守ることで資金源を確保し、政権を絶対的なものにしていく。もし、この道を辿《たど》っていたら、天皇制は危なかったかもしれません。しかし幕府は、その選択をしませんでした。

本郷　徳川家康の顧問的存在には、今井宗薫《いまいそうくん》や茶屋四郎次郎《ちややしろうじろう》などの豪商がいました。家康は、彼らを保護しています。

井上　家康は、それほど鎖国的でもなかったということです。最初の鎖国令は一六三三年、家康の死から一七年後に出されています。家康は、東南アジアの日本人町との貿易も続けています。ただ、イスパニアを嫌ったことは確かです。いずれにしろ、幕府は一六三九年、最後の鎖国令で国を閉ざしてしまった。神君家康公とまで崇《あが》めておきながら、貿易で潤《うるお》うこともできたのに、神君の貿易路線を停止した。そこが、よくわからない。イギリスはナポレオンの大陸封鎖で、経済的にたいそう困った。その封鎖状態に、幕府は自国を追い込んでいるんです。しかも、みずから。貿易を認めると、薩摩《さつま》藩（島津氏）が豊かになることを嫌ったのでしょうか。

本郷　領地内に博多がある福岡藩（黒田氏）もそうですね。地方が豊かになるのを嫌ったというのはあるかもしれない。

井上　外様《とざま》大名にのさばられたくないという思いがあったのかな。

本郷　それは博多、坊津《ぼうのつ》（現・鹿児島県南《みなみ》さつま市）、枕崎《まくらざき》（現・同枕崎市）など良港を持つ藩に、譜代大名を置けばいいだけの話です。でも、それをしていない。すると、家康が経済の中心地である京都・大坂ではなく江戸に幕府を開いたことが、商業がうまくいかない決定的な原因だったのかもしれません。

宗教は資本主義の抜け道

井上　江戸時代には、広く「講《こう》」が発達しました。講は、貯蓄をしたり金銭の融通を行なったりする相互扶助組織です。伊勢神宮をはじめとする社寺への参詣・寄進をする組織もありました。特に、前者は事実上の銀行めいた役割をはたしていました。商人たちにすれば、講の集《つど》いで談合をすることができます。表向きは、神社の儀礼をめぐる寄り合いでも。

本郷　問い詰められたら、談合ではなく講であると。

井上　逆に言えば、江戸幕府が意図的にそのような抜け道を用意していたのかもしれません。つまり、宗教が資本主義の抜け道になった。このあたりのことを、日本史研究者や経済史研究者はどう扱《あつこ》うたはるんやろ。

本郷　江戸時代の仏教研究というと、末木文美士《すえきふみひこ》さん（東京大学名誉教授）ぐらいしか、私には思いつきませんが、そのような言及はされていませんでしたね。東大では唯物史観の影響が強かったせいで、地方《じかた》（江戸時代の農政）の研究をしないと一人前ではないという風潮があり、江戸時代の農村の研究はけっこうしています。

井上 マルクス主義の歴史観に従うのなら、お金の動きこそが大事ではないですか。経済が世の中の動きを決定するというものですから。

本郷 それはその通りですが、お金の動きに関する研究はあまりしていませんねえ。

井上 第五章でも述べましたが、一種のアジール（聖域）として、寺社は幕府の公権力がおよびきらなかったため、さまざまな抜け道となっていた。それは、駆込寺《かけこみでら》として逃げてきた女性を匿《かくま》っただけでなく、幕府の目をくすねた商人や表に出せないお金も匿ったと思うのです。

本郷 井上さんの指摘は目から鱗《うろこ》です。江戸時代、仏教は寺請《てらうけ》制度（寺院に檀家《だんか》として所属させキリシタンではないことを証明させる）ができて、いわゆる「葬式仏教」になり、どの宗派も横並びになりました。極言すれば、江戸時代に仏教は死んだのです。それで、研究対象からはずれてしまいました。

井上 石原慎太郎《いしはらしんたろう》都知事の時代に、東京都内でタバコを吸えない地域が増えた時のことです。私は、都心にある小さな神社へスモーカーが群がっている現場と、遭遇したことがあります。その時、今なお宗教には都の条例もおよばない力があると思ったわけです。もちろん、神社にしてみれば迷惑だったでしょうが。

本郷　幕府は富《とみ》くじ（宝くじ）を修理費用という名目で寺社に認めていましたし、相撲の興行も神社で行なわれていました。

井上　香具師《やし》は寺社の境内に出店しましたし、賭場の開帳者が得るお金を「寺銭《てらせん》」と言います。そこに宗教の名残を感じます。網野善彦さんが「エンガチョ」からアジールに迫っていったように、縁日《えんにち》から宗教と経済について迫っていく研究者が出てくることを望みます。

第八章

明治維新はブルジョワ革命だった

倒幕の軍資金はどこから出たか

井上　明治維新の時、官軍には戊辰《ぼしん》戦争（一八六八〜一八六九年）や、天皇の東京行幸《ぎょうこう》（天皇が御所を出て外出すること）を行なえる資金がありませんでした。それで、京都・大坂の商人に上納させた。その資金集めを引き受けたのは三井です。鴻池《こうのいけ》は三井に顔を立てつつ、本音《ほんね》は幕府側でした。三井が「官軍にこの国の未来を託そうや」と、京都・大坂のブルジョワ（資本家）たちを説いて動かさなければ、幕府は瓦解《がかい》しなかった。薩摩藩の西郷隆盛《さいごうたかもり》や大久保利通《おおくぼとしみち》、そして長州藩《ちょうしゅう》の木戸孝允《きどたかよし》らがいくら動いても、三井の集めた資金がなければ明治維新は成し遂《なと》げられなかったのです。三井が幕府を見限ったからこそ、あの変革は成就《じょうじゅ》されたんですよ。

その意味で、明治維新はブルジョワ革命（市民階級〔ブルジョワジー〕が封建制を打破して近代資本主義の道を開いた社会変革）だったと私は考えています。このように考える日本史研究者は、あまりいないようですね。

本郷　見たことも聞いたこともないです。

井上　経済史では、よく知られた話だと思います。私は宮本又郎《みやもとまたお》さん（大阪大学名誉教授）

の著書『企業家たちの挑戦』で、三井の幕末史を知りました。明治維新が成《な》ると、明治政府は三井組・小野《おの》組らに銀行を作るよう要請します。そして、三井小野組合銀行（のちの第一国立銀行）が設立されるのですが、その建物は四階建てで、項部には天守閣めいた構《かま》えがありました。それまでは有力大名にしか許されなかった建築の表現を前面に押し出した立派な建物です。この建物で、三井は「自分たちブルジョワの時代が来た」と宣言していたように、思えてならない。

明治以後、行政による建築制限は、地震の時に倒壊しないか、火事の時に逃げられるかなどに限られ、商人風情《ふぜい》が高層建築を建てるのは生意気やという江戸時代の規制は取り払われました。

本郷　ブルジョワ革命の典型とされるフランス革命とは違いますねえ。フランス革命では、ロベスピエールのもとで、多くのブルジョワが断頭台《だんとうだい》の露《つゆ》と消えていますから。

井上　いや、幕末・維新の荒波に乗り切れず、消え去ったブルジョワも大勢いたのです。そのあたりの浮沈ぶりは『大阪商業史資料　第九巻』（大阪商工会議所）に、詳しく出ている。フランス革命では、革命の前から貴族の多くが事実上のブルジョワになっていました。ですから、明治維新はフランス革命以上のブルジョワ革命であり、フランス革命以上にブルジョワの力を解き放ったと私は見ているのです。

本郷　明治政府で、井上馨《いのうえかおる》は「三井の番頭さん」と言われました。

井上　西郷隆盛は井上のような金まみれになった連中に嫌気《いやけ》が差して、鹿児島へ引っ込んだのでしょう。

本郷　三菱《みつびし》の位置づけはどうなりますか。

井上　三井と銀行を作った小野組など、上方商人の多くは維新後につぶれました。彼らの目論見《もくろみ》ははずれたのです。江戸時代の豪商感覚から抜け切れなかったのかもしれません。むしろ、三井はよく生き残ったと思います。三菱は、西南《せいなん》戦争（一八七七年）で物資の運搬を手がけ儲けましたし、海運でも稼いでいます。三井のような働きを、幕末から見せていたわけではありません。あれは新興の組織やね。

本郷　三菱は坂本龍馬《さかもとりょうま》の遺産を引き継いだ格好になりますね。

井上　龍馬が生き延《の》びていたら、おそらく三菱を率いていたでしょう。そうなれば、財閥の開祖ですから、今日《こんにち》のような龍馬人気はありえませんね。江戸幕府は金まみれになった部分もありますが、基本的なところでは商人がのさばるのを食い止めていた。明治政府は、その留《と》め金《がね》をはずしたと私は思います。

明治天皇・大坂行幸《ぎょうこう》のスポンサー

井上　明治天皇は一八六八年と一八六九年の二回、東京に行幸しました。その時、全国各地で官軍の勝利を祝し、「これからいい時代が来ますよ」と宣伝もします。お菓子や食べ物がばら撒《ま》かれました。ふるまい酒もあったかな。その資金を出したのも、大坂の商人です。

本郷　二回目の東京行幸で、事実上の遷都となりましたが、それ以前に、大坂遷都案がありました。

井上　東京行幸の七カ月前、明治天皇は大坂に行幸しています。これは、維新に際して力を貸してくれた大坂商人への感謝と、東京へ行幸するには多額の資金が要《い》るので「もっとお金を出してください」というプレゼンテーションだったろうと、私は思っています。

本郷　大久保利通の差《さ》し金《がね》ですね。

井上　大久保が提案した大坂遷都には反対の声も多く、大坂行幸にとどまりました。明治天皇は約一カ月半、家族とともに滞在したので、大坂の商人たちは「ありがたいことや。官軍が東京へ進軍するなら寄付しよう」と思ったでしょう。大坂の商人はその後、前述のようにつぶれたところも多かったのですが、生き残ったところは、いわゆる政商になっていくわけです。ブルジョワの政権が、できあがっていくんですね。

本郷　羊羹《ようかん》で知られる、京都の老舗《しにせ》・虎屋《とらや》もこの時、東京に移っています。しかし、今でも京都の御所の近くに店があり、四〇〇年以上も皇室に納入しています。十七世紀には、近江大掾《だいじょう》という官職（68～69ページの図表2）までもらっています。

話を遷都に戻しますが、明治時代に遷都するとしたら、北海道まで視野に入れると、大坂より東、名古屋《なごや》あたりのほうがいいような気がします。

井上　都《みやこ》をどこに置くかということについて、私たちは相変わらず視野が狭いと思います。アメリカはワシントンに首都があり、ニューヨークからロサンゼルスまでを統括していますし、ロシアはモスクワに首都があり、サンクトペテルブルクからウラジオストクまで統括している。大阪だと北海道が遠くなるというのは、あまりにみみっちい考えではないでしょうか。

新たな明治維新説

本郷　明治維新はブルジョワ革命であるという井上さんの見方は、とても新鮮です。

井上　薩長《さっちょう》史観に対して、関西人が抱くごまめの歯ぎしりみたいな歴史観です。

本郷　従来の明治維新説は――戦国時代にヤンキーのように暴れ回っていた武士が、江戸時代にサラリーマンになり、スーツを着て大人しく机に向かって仕事をしていた。ところが、黒船で来たペリーが幕府を脅《おど》すので、「これはヤバい」とスーツを脱いで、元のヤンキーに戻った。論理もくそもないが、尊王攘夷《そんのうじょうい》を掲《かか》げて新政府を作った――というものです。

井上　江戸幕府が徳川斉昭《なりあき》（水戸藩主）に海防参与《かいぼうさんよ》を命じたのは一八五三年、ロシアのプチャーチンやアメリカのペリーが来航したことに危機を感じたからです。大急ぎで、軍事拠点や砲台を作りましたが、自前で費用を捻出《ねんしゅつ》できなかったので、やはり三井ら大坂の商人に押しつけています。それまで、幕府の求めに応じて上納金を出していた彼らも、幕末期はあまりに額《がく》が増えたので、「このままだと持たない。幕府には見切りをつけよう。新しい可能性に賭《か》けよう」と決心した。そういう革命だったと、私は見立てたのです。

本郷　私が視野に入れていたのは下級武士までだったので、商人の側からのアプローチに目を見張りました。

井上　京都の祇園祭で展示されるタペストリー（織物）の多くが、実は幕府の下げ渡し品です。江戸時代、京都の商人たちは幕府にお金を貸しますが、幕府はなかなか返しません。お金を返す代わりに「これで辛抱《しんぼう》してくれ」と言って、オランダ人が持ってきたベルギーの織物なんかを下げ渡した。それが祇園祭の賑《にぎ》やかしに使われているのです。とにかく、幕府は商人にたかりましたが、貿易で商業を富《と》まそうとしなかった。ひどい政権です。

大坂商人の腹積もり

本郷　大坂の商人たちは、何を考えて幕府や朝廷にお金を出していたのでしょうか。思想的な背景があったのか。たとえば、江戸後期の学者に山片蟠桃《やまがたばんとう》がいます。大坂の豪商・升《ます》屋《や》の番頭として活躍したあと、仙台《せんだい》藩などの財政再建をしました。彼は弟子に唯物論を説いた、合理的精神の持ち主です。

井上　蟠桃は武士じゃあない。商人の学者です。番頭を務めていたから、「蟠桃」と名乗りました。学問も商人風です。たとえば、飢饉《ききん》の時に百姓から年貢を搾《しぼ》り取るのはよくないと主張しました。一度や二度はうまくいくかもしれないが、それが続くと百姓が米を作る意欲をなくす。飢饉の時こそ、百姓から高値で米を買ってやるべきだと述べています。これは、商人の理屈ですね。

本郷　「日本資本主義の父」とも言われる渋沢栄一《しぶさわえいいち》は、著書『論語《ろんご》と算盤《そろばん》』のなかで、道徳と経済の両立を説きました。お金儲けは世のため人のためになるのであって、商売もまた徳の道と主張しました。不思議なのは、渋沢には精神的なバックボーンとなる思想がないことです。渋沢がどこで、どのような勉強をしてきたのか、経歴を調べても出てきません。そうなると、武士に兵《つわもの》の道があったように、商人にも商《あきな》いの道があったということでしょうか。

井上　江戸中期の思想家・石田梅岩《いしだばいがん》が始めた石門心学《せきもんしんがく》（人間の本性を探究する倫理学であり哲学）では、お金儲けの正当性と商人道徳を説いています。心学は明治以降、衰退しますが、この思想が根っこにあったのかもしれませんね。

本郷　京都・大坂だけでなく、江戸にも大商人・豪商がいましたが、官軍に対してあまり資金を出さなかったのですか。

井上　官軍は江戸に入って以後、江戸の商人からも資金を調達しましたが、官軍を支えたのは、やはり京都・大坂の商人たちでした。

本郷　高杉晋作《たかすぎしんさく》の奇兵隊《きへいたい》も、下関《しものせき》の豪商・白石正一郎《しらいししょういちろう》がスポンサーでしたね。

井上　教科書はもとより、歴史小説でも、高杉ばかりが脚光を浴《あ》びます。しかし白石のバックアップがなければ、あんなに暴れることはできなかったでしょう。マルクス主義風に言えば、暴れ回る若い下級武士たちが上部構造で、商人たちが下部構造です。

本郷　商いの道を心得た練達《れんたつ》の商人たちが、陰《かげ》で暗躍したということですか。特に白石を見ていると、利益を度外視して国のためにどうするかを考えているように思えます。

井上　おそらく、若い志士たちに魅力を感じたのです。

本郷　商人は武士よりも、藩の締めつけが少ない。藩という組織や価値観にとらわれない商人が、まず藩のしがらみをぶち破った。ということは、商人のほうが日本という国も視野に入ってきやすかったのではないでしょうか。

井上　江戸時代の人にとって「国」とは自分の住んでいる藩だったと、よく言われます。でも、「攘夷」と言う時、長州藩の人が福岡藩を相手に攘夷と言っているわけではありません。当時の追い「攘《はら》」うべき「夷《えびす》」は、何といっても西洋人でした。ですから、攘夷という考えが列島中に広がっていたのなら、やはりわれらは日本人だという意識も十分に強くあっただろうと思います。

本郷　その意見には賛成です。これは井上さんと意見が異なるところですが、私は豊臣秀吉による天下統一をもって、日本という国の意識が固定し、列島中に浸透していったと考えています。そして、日本という国の王様は誰なのかといった時に、その当時はやはり関白（秀吉）であり、将軍（徳川家）だろうという気がしています。

井上　ポルトガルの文献を見ても、将軍を日本の皇帝として描いていますからね。

本郷　外国の文献ではそうなっています。ペリーの来航について、幕府はオランダ国王からの手紙でわかっていたと最近では言われています。

天皇の絶対性は方便だったか

本郷　明治政府を作ったのは、どこの馬の骨ともわからない下級武士たちで、精神的バックボーンには水戸学（120ページ）の流れを汲《く》む尊王攘夷の思想がある。これが私の維新観ですが、そこで問題となるのが、なぜ幕末に天皇が急に存在感を増したのかということです。

井上 意欲のある下級武士は当然ながら、藩の運営にタッチしたいと思っている。すると、門閥で固められた藩の重役たちが目の上のたんこぶになる。そこで、藩が超えられる理屈を探すと、おのずと天皇・朝廷が浮かび上がるのではないでしょうか。結局、「尊王」も「攘夷」も、自分たちをもっと認めろというスローガンですよ。立身への雄叫《おたけ》びですね。

本郷 私もそう思います。ただ、天皇を担ぐ時、なぜ南朝を正統にしたかが次の問題として出てきます。

井上 史料編纂所の『大日本史料』第六編は、南朝が正統になっているのですか。

本郷 いえ、『大日本史料』では南朝と北朝を並記しています。皇国史観からの「南朝のみの叙述にせよ」という指示をはねのけたのです。まあ、それはそれとして、井上さんのように大坂の商人に着目した時、商人たちはどのような理屈で南朝を正統として受け入れたのか、とても興味があります。

井上 その問いにはきちんと答えられません。いずれにしろ、ともかく、三井は江戸幕府じゃあこの国がもうもたないと判断した。

本郷　構造主義的に言えば――幕府の構造ではもうだめだ。だから、新しい構造を求めた。その時に一番座りのいい重石《おもし》として天皇を選んだ――ということになりますね。

井上　国民が権力を奪取するという考えはありえない時代に、将軍を乗り越えるものがイデオロギー的に作られるとしたら、やはり朝廷になるんじゃあないでしょうか。

本郷　その際、国をまとめるものとして国家神道を作り、天皇のもとに中央集権国家を打ち立てるのがてっとり早いと考えたわけです。西郷隆盛・大久保利通など維新第一世代にとっては、天皇の絶対性というのはある意味で方便だったのではないでしょうか。

井上　彼らは手紙などで、明治天皇のことを「玉《ぎょく》」と呼んでいました。だからまあ、お手玉扱いですよ。それでも、大久保は大阪で明治天皇とはじめて会った時、やはり感動しています。それまでは御簾《みす》の向こうに鎮座して、大久保のような地下侍《じげざむらい》（身分の低い武士）などお目にかかることができない存在でしたから。大久保も西郷も、明治天皇に直接会ってからは考え出したんやないかな。明治天皇には開明的な君主になってもらおう、と。たとえば、自分たちが心酔した、島津斉彬《しまづなりあきら》（薩摩藩主）のようにね。まあ、その後は、結局「玉」として扱い続けるんですが。

本郷　それで、近代的な教育をするわけですね。

京都に政治が戻った理由

本郷　徳川家康が江戸に幕府を開いて以降、政治の中心地は江戸でしたが、幕末になると京都が中心になりました。これは、やはり天皇の存在感が増したことが大きいのですが、幕府の失敗だったと私は思います。

井上　幕府が朝廷におうかがいを立てたことやね。

本郷　「国家高権《こうけん》」という言葉があります。国家が国家たりうる統治権の発露《はつろ》であり、対人高権（国民に対する支配権）と領土高権（領土に対する支配権）から成ります。つまり、平時では外交、非常時では戦争です。

鎌倉幕府は、朝廷が元《げん》と外交をしようとした際、朝廷から国家高権を奪い取りました。そして、みずから外交をして戦争になった。いちおう尻は拭《ぬぐ》いましたが、しばらくしてつぶれてしまったわけですから、結果は大失敗です。室町幕府は明《みん》と冊封（104ページ）を結んで貿易を行ないました。豊臣秀吉は朝鮮に出兵し、徳川家康は朱印船《しゅいんせん》貿易を行ない、江戸幕府は鎖国をしました。このように、国家高権は常に武家政権が握っていたのです。ところが幕末、ペリーが来航した時、江戸幕府は日和《ひよ》った。開国を決断したにもかかわらず、大老・井伊直弼は幕府の決定に箔《はく》をつけるために、朝廷におうかがいを立ててしまった。本当は、おうかがいを立てる必要などまったくなかったのです。そうしたら、大の外国人嫌いだった孝明《こうめい》天皇が「ノー」と言ってきたわけです。

井上　名目だけしかないと思っていた会長のところへ判子《はんこ》をもらいに行ったら、「いやや」と言われてしまったわけやね。井伊は、事前に事務レベル折衝をしていなかったのでしょうか。

本郷　たぶん、していなかったでしょう。事前に折衝をしていたら、もうすこしやり方があったでしょうから。幕府というシステムの錆《さび》が出たように思います。

井上　孝明天皇がいかに外国人嫌いだったとしても、京都所司代《しょしだい》（朝廷の監察や西国大名の監視を行なう役職）が日頃から培《つちか》ってきたパイプを使って、事前に宥《なだ》めたり賺《すか》したりすれば、孝明天皇も「ノー」とは言わなかったでしょう。箔をつけるためにおうかがいを立てたということは、やはり幕府の権力が揺らいでいたということですか。

本郷　はい。権力を補《おぎな》うものとして、朝廷の権威を求めたのでしょう。

井上　ひょっとしたら、アメリカを相手に時間稼ぎをしたかっただけなのかもしれません。井伊は「自分の一存では決められません」と言いわけをした。そう言った以上、朝廷におうかがいを立てなければならなくなります。でも、そこで断《ことわ》られるとは思っていなかったんやろなあ。

本郷　朝廷は俄然《がぜん》活気づき、政治的な動きをするようになりました。いっぽう、幕府はてんてこ舞いです。それを見ていた雄藩《ゆうはん》（経済力や軍事力を備え、政治的発言権を有した藩）が天皇を担ぐことを考えたのでしょう。

朝廷の存在感

本郷　時代が武《ぶ》から文《ぶん》に転換する時、必ず出てくるのがセレモニーです。儀式の価値が復活するのです。公家社会で儀式が重要視されたことは平安時代を見れば、よくわかります。武家社会では、室町時代に小笠原礼法の原型が成立しています。

江戸時代になると、大名たちは儀式を円滑に進めることばかりに気を使うようになります。江戸幕府の内部でも、武家儀礼が膨《ふく》らんでいきました。歌舞伎《かぶき》「仮名手本忠臣蔵《かなでほんちゅうしんぐら》」

の題材となった赤穂《あこう》事件（一七〇一年、勅使《ちょくし》接待役の赤穂藩主・浅野長矩《あさのながのり》が、儀礼を管掌していた高家《こうけ》の吉良義央《きらよしなか》に江戸城内で刃傷《にんじょう》におよび、切腹。浅野家は改易された。翌年、赤穂浪士たちが義央を討った）も、そのような流れのなかで起こりました。

儀礼の元締《もとじ》めと言えば朝廷ですから、朝廷の存在感が増してくるのは当然と言えば当然のことかもしれません。幕末から明治にかけて、京都御所に出仕した下橋敬長《しもはしゆきおさ》の聞き書き『幕末の宮廷』を読むと、朝廷や公家の暮らしが豊かだったことがわかります。朝廷は大名に官位を与えた見返りに礼を受け取り、貴族たちは大名に儀礼を教えて報酬をもらっていたのです。

井上　江戸城で将軍がお目見えという時に大名がずらりと並びます。その並び方には序列があります。その順位を上げるには、蹴鞠《けまり》の腕前を公認する目印でさえ有効だったそうです。飛鳥井家《あすかいけ》（蹴鞠の師範家《しはんけ》）の後裔《こうえい》にあたる飛鳥井雅道《まさみち》さん（京都大学名誉教授、故人）が、自嘲《じちょう》気味に話されていました。うちの家は、その認定で収入を得ていた、と。

本郷　公家には和歌、雅楽《ががく》、書道など学問・芸術を家業とした、さまざまな師範家がありました。師範家には、大名の付け届けが絶えませんでしたから、豊かだったと思います。大名のなかには、公家から妻を迎えることも多かった。だんだんと公家との結びつきが増え、公家の存在感が高まっていったのです。

ただ、官位は幕府がコントロールしているので、各大名が朝廷と直接やりとりすることはできませんでした。とはいえ、橋本政宣《はしもとまさのぶ》さん（東京大学名誉教授）の試算によれば、江戸時代には朝廷全体で五〇万石ぐらいの経済力があったそうです。

民衆が天皇を発見した

本郷　一八六七年、徳川慶喜《よしのぶ》（第十五代将軍）は朝廷に政権を返上します。いわゆる大政《たいせい》奉還《ほうかん》ですが、では朝廷がいつ政権を幕府に預けたかというと、預けたことなどありません。にもかかわらず、返上したものだから、火のないところに煙が立つ。加えて、武士の学んでいた儒学、特に朱子学は大義名分《たいぎめいぶん》を重んじています。そうなると当然、将軍の上に天皇がいるべきという理屈になります。だから、幕藩体制は一番上に天皇がいてこそ成立する。つまり、将軍の下に藩主がいて、その下に家臣がいるけれども、全体をオーソライズするのは天皇である。これが、最近の研究者の主流の考えです。

私の考えは——江戸時代に人口が一二〇〇万人から三〇〇〇万人へと二・五倍に増えた

のは、やはり平和な時代だったからだ。平和であるから民衆は勉強し、日本の歴史にも興味を持った。そして将軍の他に天皇がいることを知り、天皇のほうが将軍よりも偉いことに気づく。だから、民衆が天皇を見つけてきた――です。

井上　江戸時代から、三月三日の雛祭《ひなまつ》りに、一般人でも、と言えば言いすぎですが、雛人形を飾るようになりました。雛壇に飾るのは天皇・皇后と右大臣・左大臣、三人官女《かんじょ》などです。将軍と将軍の奥方は飾りません。大きな商人の家にはだいたい雛人形が普及していましたから、朝廷を知らなかったということはないと思います。『小倉百人一首』も、江戸時代にはかなり普及していました。その札にはけっこう、天皇の歌や図像《ずぞう》、絵姿《えすがた》が出てきます。

本郷　社会学的な鋭《するど》い考察は、井上さんの面目躍如《めんもくやくじょ》ですね。

井上　私は社会学者じゃありませんが、日本史研究の方たちはそういうところにあまり目を向けませんね。

本郷　そうすると、江戸時代には権威としての「錦《にしき》の御旗《みはた》」を理解する素地が整っていたことになりますね。室町時代、光厳《こうごん》上皇の牛車《ぎつしや》に矢を射《い》かけたバサラ大名（伝統的権威を無視し傍若無人《ぼうじやくぶじん》なふるまいをした大名）の土岐頼遠《ときよりとお》とは、同じ武士でも意識がまったく違うということか。

井上　室町時代のバサラ大名を幕末のヤンキー武士に置き換えると、幕末のヤンキー武士にしてみれば、天皇のほうが将軍よりも値打ちのあることを知っているから、矢を射かける相手は将軍やったのかもしれへんね。

「錦の御旗」の新解釈

本郷　ここで錦の御旗について触れましょう。私にとってはつらいことですが、ずっと主張してきた持論を変えざるを得ないところに最近追い込まれてしまったのです。鳥羽《とば》・伏見《ふしみ》の戦い（一八六八年）の時、官軍に錦の御旗が翻《ひるがえ》ると江戸幕府軍は総崩れとなり、敗北に至ります。幕府軍は人数や装備では負けていないのに、あっさり負けてしまった。その後、雪崩《なだれ》を打つように、譜代大名までが官軍につきました。

井上　よく言われるのは、尊王のイデオロギーが強かった時代であり、武士たちはそれに染《そ》まっていたというものです。しかも、幕府軍の総大将である将軍・徳川慶喜は、尊王思想の〝総本山〟水戸藩の出身でした。

本郷　そのような主張に対して、関東史観の私は「錦の御旗はたいしたものではない」と訴えてきました。たとえば、鎌倉時代の承久の乱では、錦の御旗が出てきても幕府勢が揺らぐことはなかった。武力というのは剝《む》き出しの暴力装置であり、錦の御旗などで止められるものではないと思っていました。

井上　もし錦の御旗にご威光があったとしたら、北条氏は相当にタフだっただろうし、足利尊氏などは相当肝《きも》が据《す》わった人物だったと言わざるを得ませんね。

本郷　尊氏の場合、錦の御旗をもうひとつ（持明院統〈北朝〉）持ち出したわけですから、それぐらいの機転が利《き》かないとだめだということでしょうね。

井上　承久の乱以後は、鎌倉幕府が新しい朝廷を作ったようなものでした。

本郷　そういうことで、私は錦の御旗を過大評価しない研究者だったわけです。ところが、そういう見方では解釈できない事象があるのです。

鎌倉時代初期の御家人・千葉常胤《つねたね》が、源頼朝の挙兵に応じて「あなたに服属します」と忠誠を誓《ちか》うと、頼朝は「よく来てくれた。あなたのことを父と思う」と答えたと『吾妻鏡』にあります。ところが、誰も注目しないのですが、千葉氏では、源氏の御曹司《おんぞうし》・源頼《より》隆《たか》が養《やしな》われていました。頼隆の父・義隆《よしたか》は、「八幡太郎《はちまんたろう》」と東国の武士たちに慕われた義《よし》家《いえ》の末子で、平治《へいじ》の乱（一一六〇年）の時に頼朝の父・義朝《よしとも》の身代わりになって死んでいます。その忘れ形見《がたみ》を、千葉氏で養育していたのです。ちなみに、頼隆の息子が「若槻《わかつき》」「森《もり》」を名乗り、織田信長の小姓・森蘭丸《らんまる》はその子孫と言われています。

問題は、常胤が頼隆を頼朝のところに連れて行き、「この方はきっと頼朝様の助けになるでしょう」と献上したことです。頼隆は源氏一門ですが、特に武芸に秀《ひい》でたわけではありませんから、頼朝の助けになるわけはない。どう考えても、常胤の行動をオーソライズするための存在、旗印《はたじるし》です。その彼を引き渡すとは、「頼朝様を源氏の棟梁《とうりょう》として認めます。ですので、頼隆様はもう不要です。このまま頼隆様をうちで養っていると、反逆の意図を疑われかねないので、あなたに差し上げます」ということです。このように考えてくると、自分の行動をオーソライズするための上位の存在、つまり錦の御旗が必要だということになります。

井上　なるほど。権威としての担ぐ存在であり、大久保利通が言った「玉《ぎょく》」やね。鎌倉の武士にとっても、その「玉」は意味を持っていたわけですね。

本郷　霜月騒動がいい例ですが、鎌倉で市街戦が行なわれました。何のための戦いかというと、将軍の奪い合いです。だから、鎌倉の将軍御所を攻める。要するに、錦の御旗を取ったほうが勝ちで、その構造は明治維新とまったく変わらない。となると、自分の行動を正当化する何者か、自分たちを超越する何かが必要であり、突き詰めれば、それは天皇ということになります。

井上　石清水八幡宮と興福寺の争いで、両者が朝廷の判定を奪い合いました。それを見て、黒田俊雄さんは権門体制論を思いついたわけだから（124〜125ページ）、今のお話は権門体制論に歩み寄ったということですか。

本郷　すごい苦痛ですが、歩み寄らざるを得ないなあと思っています。

井上　そうなると、今まで書かれてきたことは何だったのですか。

本郷　ですから、今までの何十年かを無駄にせず、何とか軟着陸できないかと考えているところです。

「平和な明治維新」というウソ

井上　どうにもなじめないのが、江戸城の無血開城を拠《よ》り所《どころ》とする、フランス革命に比べると犠牲者は少なかったという「平和な明治維新」論です。これは、禁門《きんもん》の変（一八六四年）で丸焼けになった京都をないがしろにした言い草ですよ。会津以北でも激しい戦争が起きたのに、江戸が無事だったというだけで、平和な維新という言い方は解《げ》せない。明治維新を西南戦争や竹橋《たけばし》事件（一八七八年、西南戦争後の待遇を不満とした近衛砲兵大隊による反乱）まで含めて考えると、無血革命とはとても言えない。そう思いませんか。

のちの対外戦争も、明治維新が解き放った人民のエネルギーに支えられていくわけです。その点は、フランス革命が解放した市民の熱気により、ナポレオンの戦争が後押しされたのと変わりません。

本郷　一八六八年の長岡《ながおか》城の戦い（北越《ほくえつ》戦争）や会津若松《あいづわかまつ》城の戦い（会津戦争）では数多《あまた》の血が流れ、西南戦争では官軍の被害も大きかったですから、あまり血を流していないのは江戸だけだったと言えるかもしれません。「革命は血を欲《ほっ》する」という言葉があるけれども、無血革命ではなく、流血革命だったと思います。

『大久保利通文書《おおくぼとしみちもんじょ》』を見ると、幕末の志士たちのなかで、最大の強硬派が西郷隆盛であり、「慶喜の首を切れ」と強い調子で主張しています。その意見に、大久保も賛成している。むしろ、長州勢のほうが「慶喜の命を助けよう」と言っています。そして、西郷を総大将とした官軍が京都から江戸に向かう途中、駿河あたりまで進軍した時、西郷が「慶喜を許してやってもいい」と意見を翻《ひるがえ》すわけです。

井上　東に行くほど、幕府への共感を持った人が多い。まさに敵地の真《ま》っ只中《ただなか》に入るわけですから、慶喜の首を切ったら大変なことになるぞと思ったのではないでしょうか。江戸・高輪《たかなわ》で行なわれた西郷と勝海舟《かつかいしゅう》の会談では、慶喜も生かすということで平和裏に妥協したのです。だから、妥協の代償、見返りが必要になった。どこかで血を流さなければならないという思いが膨《ふく》らみ、そのとばっちりが会津以北に行った。会津の人たちはほんまに気の毒やと思うわ。

日本のアイデンティティ

本郷　なぜ西郷隆盛・大久保利通・木戸孝允らが江戸幕府をつぶしたかというと、列強による侵略の脅威があったからで、その危機に対応するために新しい政府を作ったのです。そして、明治維新を成し遂げた彼らが考えたのは、日本のアイデンティティは何か――だった。その時、他の国になく、日本にあるものを考えた時、すぐに浮かぶのが天皇です。実際、天皇のもとに結束するのがもっともいい形でした。

その場合、イメージしたのは、中国における皇帝と科挙に合格した官僚だったのではないでしょうか。旧藩主など世襲形態が依然として見られるものの、基本的には万世一系の天皇と、出自・身分に関係なく能力のある官僚たちで新政府を作るという発想だったと思います。一八七一年、岩倉使節団《いわくらしせつだん》（大使・岩倉具視《ともみ》）が欧米を視察した際、アメリカで「初代大統領ジョージ・ワシントンの子孫は何をしていますか」と聞くと「わからない」と返答されたというエピソードに代表されるように、アメリカ流民主主義からも影響を受けているかもしれません。

井上　確かに、アメリカではワシントンの子孫が権勢を持つことはなかったですが、ドイツでは今も封建領主の末裔《まつえい》である、たとえばゲミンゲン男爵が古城ホテル（ホルンベルク城）を経営しています。イギリスでも爵位を持った貴族が城を所有している。いっぽう日本の場合、主に地方公共団体が管理をしています。

本郷　二〇〇四年、尾張藩の御附家老《おつけがろう》・成瀬《なるせ》氏が十七世紀以来所有していた犬山城《いぬやま》（愛知県犬山市）を手放したため、すべての城が地方公共団体など法人管理になりました。

井上　日本では旧領主の城が市民の共有財産となり、イギリスではいまだに貴族らの個人所有が少なからず残っています。にもかかわらず、日本は封建制の残滓《ざんし》を色濃く残し、イギリスは近代化の先頭を走ったと言われる。戦後史学のこんな見方は、根本的にまちがっているんじゃあないですか。岩倉使節団はイギリスを視察した時、「まだ廃藩置県もできていないのか。なんて遅れた国や」と思わなかったんだろうか。ドイツを訪れて「古いなあ」と感じなかっただろうか。

本郷　彼らは欧米の文明、特に科学技術があまりに進んでいることに驚き、あんぐり口を開けていたということですから、その部分には興味がなかったのでしょうね。逆に言うと、欧米列強ができないことをしないと、日本は追いつけないと思ったかもしれません。

井上　案外、ヨーロッパの貴族たちを見て、日本も四民平等ではなく、貴族制度を設けなければいけないと軌道修正をした可能性もあります。それが、皇室の藩屏《はんぺい》としての華族《かぞく》になった。

本郷　天武天皇の頃、日本ではそれまでの大王《おおきみ》から天皇に変えました。天皇とは、天帝《てんてい》(天上の神)の「天」と、皇帝(地上の君主)の「皇」の組み合わせです。これによって中国の皇帝と張り合い、朝鮮の王よりも上であることを示したのです。

岩倉使節団がヨーロッパを視察したところ、王様にそれほど歴史がないことがわかった。伝統あるイギリス王室やハプスブルク家と比べても、日本の天皇家のほうが桁違《けたちが》いに古い。「これは売り物になる」と思ったのかもしれません。そして、日本の天皇は「キング（王）」ではなく「エンペラー（皇帝）」であると主張し、それが定着したのです。

井上 ヨーロッパ史でエンペラーと言えば、ヴァチカンのローマ教皇が戴冠式《たいかんしき》を執行した君主のことを指します。ナポレオンは教皇に戴冠式をしてもらいますからエンペラーですし、神聖ローマ帝国の皇帝もエンペラーです。フランス国王やイギリス国王は皇帝になれません。天皇が明治以後、いつからどういう事情でエンペラーを名乗ったのか。そして、それが欧米の外交文書でどのように扱われたのかはわかりません。誰か調べてくれないかな。

ちなみに、アフリカのエチオピアでも皇帝は「エンペラー」を自称しました。その歴史は十三世紀にまでさかのぼりますが、一九七四年にハイレ・セラシエ一世が廃位されて終焉しました。今は共和国となっています。

結　日本人と天皇

象徴天皇制＝天皇機関説⁉

本郷　西郷隆盛・大久保利通・木戸孝允など維新第一世代は、明治半ばには政治の表舞台から姿を消しました。そのあとを担ったのが、伊藤博文《いとうひろぶみ》・山県有朋《やまがたありとも》など第二世代であり、この時に大日本帝国憲法が発布されました。そこに「天皇ハ国ノ元首ニシテ統治権ヲ総攬《そうらん》シ此《こ》ノ憲法ノ条規ニ依《よ》リ之《これ》ヲ行《おこな》フ」とあるように、統治権は天皇にあるとされました。

しかし、維新第二世代を調べていくと、のちの大正時代に帝国大学で通説となる天皇機《てんのうき》関説《かんせつ》（統治権は法人である国家にあり、天皇はその最高機関とする、美濃部達吉《みのべたつきち》らによる憲法学説）に近いとらえ方をしています。まるで、憲法はあくまで建前《たてまえ》だと言わんばかりです。

それが、大正末期から昭和初期にかけて権力を握った第三・第四世代になると、天皇への忠誠を求める皇国史観の見方が強くなり、天皇機関説は否定されました。

戦後、昭和天皇はいわゆる「人間宣言」を行ない、日本国憲法では「天皇は、日本国の象徴であり日本国民統合の象徴であつて、この地位は、主権の存する日本国民の総意に基《もと》づく」とされました。しかし、戦後に否定されたのは明治からの動きではなく、第三・第四世代の天皇崇拝であると私は考えています。戦後の象徴天皇制は、実は天皇機関説に近い考え方であり、それは伊藤博文あたりが考えた天皇像に近いのではないでしょうか。

井上　今おっしゃった本郷さんの見方は、司馬遼太郎《しばりようたろう》さん（作家、故人）の歴史観に近いような気がします。明治はまっとうな国家だった。昭和が国をおかしくしたのであって、明治の国家に致命的《ちめいてき》欠陥はないというのが、司馬さんの考え方ですね。でも、戦後民主主義の波をかぶって生きてきた私の耳に、大日本帝国憲法の「天皇ハ神聖ニシテ侵《おか》スベカラズ」という文句はとても仰々《ぎょうぎょう》しく聞こえます。

本郷　自分たちのあとに第三・第四世代が出てくることが必然だとしたら、第二世代の責任は大きいということになりませんか。

井上　「天皇ハ神聖ニシテ侵スベカラズ」は外向けの構《かま》えだったんだけど、それを真《ま》に受けるような連中が政府の中枢付近に出てきてしまいました。将来そうなるかもしれへんということへの配慮が足りなかったかもしれへんね。

本郷　戦後、首相を務めた吉田茂《よしだしげる》は、日本は昭和初期に変調を来《きた》したのであって、近代日本の歩んだ道すべてが誤りというわけではないと言っていますが、単におかしくなったのか、根っこがあって必然的におかしくなったのか、意見が分かれるところです。

近衛文麿にとっての天皇制

本郷　戦後、アメリカは天皇制の存続を許しました。そのほうが日本を統治しやすいと考えたからです。

井上　昭和天皇にとって、GHQ（連合国軍最高司令官総司令部）は鎌倉幕府や室町幕府のような存在に思えたかもしれませんし、マッカーサーは源頼朝や足利尊氏に見えたかもしれません。これまで何度も乗り切ってきたのだから、今回も乗り切ってみせようという意気込みもあったのではないでしょうか。

本郷　井上寿一《いのうえとしかず》さん（学習院大学学長）によると、昭和の時代に「昭和天皇を支持するか」と聞くと、「支持します」が多く、「支持しない」は数パーセントだった。ただ、「よくわからない」人がたくさんいた。それが平成の今、「支持しない」の比率はほとんど変わらないけれども、「よくわからない」が減少して、そのぶん「支持する」が増えた。この数字の変化はかなり劇的だそうです。それは、「今上天皇が身《み》をもって行なってきたことの表われではないか」と井上さんは言っていました。

井上　今上天皇が被災地に行かれると、被災者たちは涙ぐんで喜びます。政治家や芸能人が行っても、これほどのはげましにはならないでしょう。天皇や皇后が国民の前で跪《ひざまず》くことをもってのほかと怒る人もいますが、私はいいお仕事をしたはると思います。

本郷　昭和天皇は戦後、「国ノ元首」から「日本国の象徴」になりましたが、死ぬまで自分は君主であるという態度を崩さなかったと言われます。その姿を見ていた今上天皇は、父帝とは違う道を歩まれた。それは大衆社会において、皇室はどうすれば延命できるかという大きな課題に対する、今上天皇なりの答えだと思います。つまり、象徴天皇のあるべき姿を追求された。

井上　日本国憲法に象徴の定義がないのだから、みずから作っていかはったのでしょう。

ロンドンにいた時、ＢＢＣのバラエティ番組で「ミスター・ビーン（Mr. Bean）」を観たことがあります。ミスター・ビーンが部屋の改装をするため、電動ノコで壁を切っていくんです。隣の部屋にエリザベス女王の写真があり、電動ノコがちょうど女王の首のところまで来る。そこで、笑いの効果音が入る。「ギリギリのところで止まるのかな」と思って見ていたら、そのまま切り落として爆笑となった。その時、自分自身の反応に驚いたのですが、「こんなことをやってええのか」と思ってしまったのです。天皇制を絶対視しないはずの自分に尊王精神があったんやと、気がついた。戦後民主主義のなかで育った私がそう感じたわけだから、平安時代や鎌倉時代の人たちはもっと強かったに違いない。

本郷　そうでしょう。承久の乱における北条義時の心象は察《さっ》するにあまりあります。

井上　昭和天皇をもっとも見くびっていたのは、首相を務めた近衛文麿《ふみまろ》かもしれません。天皇に宮中で政務などを奏上する際、椅子《いす》に座っていた唯一の人物が近衛だったとも言われています。「俺は他の重臣たちと違うんだ」という意識もあったのでしょう。

近衛家は五摂家の筆頭として奈良時代以降、常に天皇のそばで仕えてきました。しかも江戸時代には、天皇家から養子まで迎えています（後陽成天皇の第四皇子・近衛信尋《のぶひろ》）。また、その住居は御所のすぐ近くにありました。つまり、精神的にも距離的にも天皇家と近いので、それほど敬《うやま》わなかったように思います。むしろ、縁《えん》遠い人ほど尊王の気持ちを抱いたのではないでしょうか。

本郷　太平洋戦争が敗色濃厚になると、近衛は昭和天皇の退位を主張します。昭和天皇を仁和寺《にんなじ》（真言宗御室《おむろ》派の総本山）にお迎えして、上皇になってもらう計画を立てたのです。昭和天皇の諱《いみな》（本名）裕仁《ひろひと》にならい、裕仁《ゆうにん》上皇という案も出しています。近衛にとって最重要だったのは、日本の国体《こくたい》（天皇制を元にした国家の形態）であり、天皇が主権者として存続するためにどうしたらいいかを考えたのかもしれません。

権威と権力

井上　ここで、十一世紀にローマ教皇グレゴリウス七世と神聖ローマ帝国皇帝ハインリヒ四世が聖職者の叙任権をめぐって争った「カノッサの屈辱《くつじょく》」について、触れてみたい。ドイツの諸侯や司教たちはそれまで皇帝寄りでしたが、教皇が皇帝を破門《はもん》したとたん、皇帝から離反しました。観念した皇帝は教皇に謝罪します。これは物語《フィクション》だと思いますが、寒さに凍《こご》えながら三日間、カノッサ城の門に立って許しを乞《こ》い、破門を解かれたとされています。

ドイツに戻った皇帝は周囲の諸侯や司教たちの支持をふたたび得て、今度は教皇を追い落としました。これって、いったい何なんでしょうか。破門の烙印《らくいん》がある間は、諸侯の同意が取りつけられない。でも、それが解けると、教皇に打撃を与える方向でも、諸侯はまとまれる……。

本郷　日本で言えば、軍事力を持たない天皇の権威に平伏《ひれふ》すということでしょう。承久の乱以降、朝廷が軍事力を持っていたら、鎌倉幕府は叩きつぶしたかもしれません。しかし、そうはならなかった。そこに、当時の武士たちの、自分より上に何か拠《よ》り所《どころ》を持ちたいという心性《しんしょう》があったことを指摘すると、京都の研究者のなかには「そんなことは知っていた」と言う人がいます。でも、これは私が三〇年にわたって苦悩した末に辿《たど》り着いた結論です。鎌倉幕府が、朝廷や天皇制を否定する可能性はなかった。ここに、天皇制の本質があるような気がします。

井上　朝廷は承久の乱以降、ある意味、より扱いづらい存在になったのです。武力を封じられた天皇は、どうすれば延命できるかを考えるから、中途半端に武力を持っていた時代よりも、延命の技が研《と》ぎ澄《す》まされていきます。きれいな女の子でも、化粧やエステなどさまざまな努力をしますね。つまり、錦の御旗を単に持つだけでなく、その旗を磨《みが》く努力がある。今上天皇が被災地に行かれて跪《ひざまず》かれるのも、今日《こんにち》の大衆社会に合わせた努力だと思うのですが。

本郷　今上天皇がどのように考えられているかは措《お》くとしても、周りの人間がそれを是《ぜ》としているということは、そこに人智《じんち》の結集があると思います。

京都人の知恵に学ぶ

本郷　戦後の政治家を象徴する存在が、一九七二年に首相になった田中角栄《たなかかくえい》です。首相就任時は「今太閤《いまたいこう》」と呼ばれました。豊臣秀吉のように、下から頂上に伸《の》し上がったというわけです。しかし今なら、首相はおろか、政治家にすらなれないでしょう。政界は二世・三世など世襲議員だらけになってしまいました。

井上　内藤湖南さんの「支那《しな》論」は、「人間の情熱のなかでもっとも愚《おろ》かな情熱は政治へのそれである。中国の文人《ぶんじん》たちは民度が高いので政治に向いていない。向いているのは日本人だ」と、自嘲気味に大日本帝国の中国進出を事実上肯定しています。研究者からは評判が悪い文章ですが、うなずけるところもある。大学の学長選挙で教授たちが票の取り合いに一喜一憂《いっきいちゆう》することがありますね。私は愚かなふるまいだと思います。政治はくだらないと、つくづくかみしめます。湖南さんの言う通りで、民度は低いなと感じます。だから、世襲は困ったことであると思うと同時に、彼らが面倒くさくやっかいで、そして愚かな仕事を引き受けてくれているという思いもあります。

本郷　世襲はけっして悪い側面ばかりではなく、日本の歴史が穏《おだ》やかなのは、世襲のおかげで争いが少ないからです。しかし、したたかな外国とやり合うためには、マキァヴェリズム（イタリア・フィレンツェの政治家マキァヴェリの名を冠《かん》した、目的のためには手段を選ばない権謀術数主義）とまでは言わないまでも、ある程度のずるさが必要です。

それを京都人の知恵から学ぶべきではないか。京都の朝廷や公家たちがどのように対応し、したたかに生きてきたかを知ることは意味があると思います。たとえば、京都人が表向き「ぶぶ漬けでもどうどす」と言う時、裏ではどのような思惑《おもわく》を持っているのですか。

井上 出版社の編集者が、私に執筆を依頼してくる時、手紙に「ご玉稿《ぎよつこう》を賜《たまわ》りたく」と書いてあったりします。おそらく、心の底から「ご玉稿」とは思っていないでしょう。この「ご玉稿」も「ぶぶ漬け」みたいなもんです。仕事をする際に、表向きの言葉と腹の内《うち》が違うのは、あたりまえのことじゃあないでしょうか。であれば、どうして京都人にだけ腹が黒いというレッテルを貼るのか。私に言わせれば、東京人のほうが裏で違うことを思っているんじゃあないか。

本郷 東京は全国から来た人の寄せ集めですから、東京人という言い方がそもそも成り立たないのではないでしょうか。

井上 かつて、朝日新聞社出版局（現・朝日新聞出版）でもたれた編集会議のやりとりを、パーテーション越しに聞く機会がありました。京都についての本を出す会議で、誰に執筆依頼するかを話し合っていました。「あいつには短い原稿のアイデアがあるけど話にまとまりがない」「あいつの肩書きは立派だけど知識は貧弱」など、悪口が飛び交《か》うわけです。のちに、刊行された本を見ると、そのボロクソに言われていた執筆者が並んでいる。いったい、どうやって原稿を頼んだのか。ああ、「ぶぶ漬け」やなと思いました。東京の編集部も、「ぶぶ漬け」やとね。

本郷　「ご玉稿を賜りたい」と言ったのでしょうね。

井上　これは出版社だけの問題ではなく、どこもそうなのです。京都弁のぶぶ漬け云々《うんぬん》は、ある種のイディオムです。立ち話をしていて「この話はもう切り上げたい」と思った時、都会人は「もうやめよう」と言いにくい。そういう時に「あんたちょっと、うちに寄っていかへん。お茶漬けぐらいやったら用意できるし」と言う。それは断《ことわ》ってもらうことを前提に言っているのです。「もう話をやめましょう」と言えない気の弱さが、「ぶぶ漬けでもどうどす」というイディオムを生んだ。

受験生は、英語のイディオムを闇雲《やみくも》に覚えますね。同じように、ある時期まで、京都の言葉には、地方の人に闇雲な暗記を強《し》いる力があったのです。「ぶぶ漬けでもどうどす」

＝「そろそろ帰らなあかん」と学習させる力が京都にはあった。でも、今はありません。かつての京言葉は、ただの京都弁に落ちぶれました。そして、京都の人間は腹が黒いという解釈だけが浮上するようになったのです。

本郷　井上さんのご説明はわかりますが、私は知的な先進地域としての京都の重層的な知《ち》がますます必要になってくると思っているのです。

井上　いや東京にこそ、十分それがあると思います。官僚たちの面従腹背《めんじゅうふくはい》なども含めてね。

尚武《しょうぶ》の国と軍国主義

本郷　最近、「日本が大好き」という動きが活発で、私は何か怖いなあと思っています。明治時代には列強に追いつけ追い越せでがんばった。戦後、敗戦から立ち直ろうとした時期も、右肩上がりの高度成長を遂《と》げた時もがんばった。ところが、バブル崩壊後、日本人の多くが目標を失うのと軌《き》を一《いつ》にして、「日本はすばらしい」「こんなに美しい国はない」といった声が大きくなり、中国や韓国を叩く動きも出てきた。夜郎自大《やろうじだい》なところが、何となく軍国主義時代の日本に似てきているような気がするのです。

井上　それは、高度成長時代やバブル時代にブイブイ言わせていた自信を喪失し、「もう成長は見込めない」「低迷は免《まぬか》れない」という意識が広がるなか、守りに入ったということではないでしょうか。

本郷　井上さんのように理性的に受け止められればいいですが、いつの時代も方便を本気にしてしまう人たちがいます。さらに、反知性主義の人たちも出てきている。反知性主義が罷《まか》り通るのは、まさに私たち大学人が怠慢《たいまん》だからですよ。

井上　活字を読んだり書いたりして議論できる人は、やはり選ばれた人だと思うのです。そこには、民衆のどす黒い思いがなかなか入りにくい。ところが、SNS（ソーシャル・ネットワーク・サービス）が普及して、そういう声が出てくるようになった。こうした大衆化現象は、ふたつの世界大戦の戦間期から進みだし、その勢いは不可逆的に大きくなってきています。その意味では、エリートの時代から遠ざかりだしているのです。

本郷　本当に不可逆的な現象です。しかも、エリートへの反発が大きくなっています。

井上　これは韓国の人に聞いたのですが、日本の学園生活を描くテレビドラマでは、しばしば不良とまではいかないまでも、グレる一歩手前の勉強をしない子がヒーローとして脚光を浴びます。いっぽう、韓国の学園ものドラマでは、勉強のできる子たちが手を組んで不良をやっつける筋書きが多いというのです。

本郷　学校で勉強にはげむ子を「ガリ勉」と言って馬鹿にする風潮は昔からありました。いっぽう、スポーツに明け暮れている子はヒーロー扱いされる。この文科系と体育会系の評価は、鎌倉時代から明治維新まで武家政権が約七〇〇年間続き、武士と武士から貶《おとし》められた公家という構図や伝統を反映したものですかねえ。

井上　企業でも同じでしょう。会社の名声を高めた運動部の選手は、仕事を早く切り上げ練習にはげんでも文句は言われない。ところが、芥川賞候補にノミネートされた社員は、「きみ、来月から会社に来んでもええんちゃうか」と辞職を促《うなが》されたりする。

本郷　中国では、戦争の時は「武《ぶ》」が上ですが、平時は「文《ぶん》」が上です。朝鮮の王朝ではシビリアンコントロールのもと、「文」が絶えず上です。これに対して、日本では前述のように「武」が上でした。「尚武《しょうぶ》（武道・武勇を重んじること）」「文弱《ぶんじゃく》（学問・芸事にふけって弱々しいこと）」という言葉はあっても、「尚文」「文強」「武弱」という言葉はありません。

井上　「筋肉馬鹿」という言葉はありますけどね。「武」が重んじられるのは、明治政府を作った人たちが士族だったことも影響しているのかもしれません。

これからの日本の針路

本郷 日本の今後の針路は二通りあると思います。ひとつは、GDPが世界第二〇位でもいいから「日本は美しい国だ。そんなに戦わないでやっていこう」とするもの。もうひとつは、とにかくガチンコで戦っていくことです。この場合、面従腹背や相手を出し抜くなど、何でもありです。

井上 人口が減り、少子高齢化がいっそう進むわけだから、生産力を上げるのは大変やろね。これはあくまで私見ですが、世界第三位の経済大国を維持しようとか、国連の常任理事国になろうとか、そんなことを考えずに、国民の幸せだけを考えたらいいと思いますよ。

明治維新の時、京都は「第二の奈良になってはいけない」と町を挙げて宣言しました。このまま放っておいたら、かつての都・奈良になるというのですが、今日《こんにち》奈良の人が特別に不幸せだとは思えません。奈良になって、何が悪いのか。明治維新後の推移を考えれば、京都は奈良になるでしょう。明治期の日本で「三都」と言えば、東京、大阪、そして京都でした。でも、今「三都」という言葉から京都を思い浮かべる人は、ほとんどいません。それだけ、落ちぶれたのです。どうせ奈良になるのなら、なりたくないと言いながら嫌々《いやいや》奈良になるより、明るく健やかに奈良へ向かう道を選んだほうが、精神衛生上もいいじゃないですか。

本郷　変なプライドを持つことはないと。

井上　アジアやヨーロッパから観光客を受け入れ、観光地として評価してもらえるチャーミングな国づくりを心がけてはどうやろか。

話は変わりますが、京都大学理学部で学んでいるインド人留学生から聞かされました。教授に「あなたは英語で論文が書けるのだから、日本語を学習する暇《ひま》があったら、英語で論文を書いたほうがいい」と怒られたのだそうです。でも、日本語を学びたいと思っている外国人に、わざわざ「やめろ」と言うことはないでしょう。

本郷　小さい頃から英語で話せという主張とともに、日本語不要論まで出始めています。それは言ってみれば、日本の伝統を捨てることになる。

井上　オランダの書店を見ると、半分ぐらいが英語の本です。オランダはちょうど大阪府ぐらいの人口だから、オランダ語でベストセラーを出しても高《たか》が知れている。でも、日本列島は約一億三〇〇〇万人いるので、出版産業が成り立っている。今後、人口減少で国内マーケットはいっそう縮《ちぢ》むのですから、日本語を学び、日本語の本を読んでくれる外国人は大切にすべきだと思います。まあ、この言い草も、出版産業で小商《こあきな》いにいそしむ私のイデオロギーでしかないのかもしれませんが。

日本人とは何か

本郷　日本史を学ぶことは、日本人とは何かを考えることだと私は考えています。では、日本人とは何か——。私は、井《い》の中の蛙《かわず》だと思います。それも、立派な井の中の蛙です。

日本は四方を海に囲まれていますが、日本人は海の向こうをあまり知ろうとしません。内向き、引きこもりと言えるかもしれません。しかし、その内側、つまり国内では倫理観が高く、ものづくりの伝統があります。これは、何も戦後の製造業だけを言っているのではありません。日本は古来、職人を大切にしてきました。焼物、織物、刀剣……これらを作る人には敬意を払ってきました。その証拠に、「銘《めい》」として、作った人の名が刻《きざ》まれています。しかし、中国・朝鮮では職人たちの身分は低く、古代の陶器などは無銘が多いのです。

内向きと言いましたが、時代の転換点や侵略の危機に見舞われた時、不思議と人材が出てきます。人が時代を作るのか、時代が人を見つけるのかはわかりませんが、そこが歴史のおもしろいところです。

井上 和食がユネスコの無形文化遺産に登録されましたが、京都の和食業界はお出汁《だし》のペーハー濃度を測り、正しい出汁のあり方を世界に普及しようとしています。海外では妙な日本料理がいっぱいできているので、これを正そうというわけです。私は、こういう考え方に違和感があります。たとえば、たらこスパゲティや野沢菜スパゲティなど、日本にもイタリア人が仰天《ぎょうてん》するような料理はたくさんあります。その私たちが、正しい出汁はこれやと言うのはおかしい。

だから、井の中の蛙ということには、強く共鳴します。イタリアのパスタが私たちの食文化を豊かにしたように、日本の出汁も各国の料理を豊かにする可能性があるのなら、そして世界各国で日本発のものをおもしろがってくれるなら、それを寿《ことほ》ぐ日本人でありたいと思います。

まったく違う日本史

本郷　ここまで、井上さんと日本の歴史を俯瞰《ふかん》してきましたが、私が感じたのは、視点をどこに置くかでまったく違う歴史が見えてくることです。室町幕府を絶対王政ととらえたり、大坂商人と幕末・維新の関係を述べたりした井上さんの歴史観は、とても新鮮でした。

井上さんと対談するのですから、私も、京都史観の視点から歴史がどう見えるかを忖度《そんたく》して考え、話しましたけれども、京都史観と自分が足場にしている関東史観の違いに、今さらながら驚きました。それとともに、歴史研究者として冷静に、科学としての歴史像を作っていくことが重要であることを再認識しました。しかし、自分の利益執着から自由であろうとしても、天皇贔屓《びいき》や勲章が欲しい研究者もいる。でも、そこがまた、歴史研究者の人間臭《くさ》さというか、AIにはできない芸当で、おもしろく感じました。

井上　人間は自分が住んでいる地域や働いている組織に、否応《いやおう》なく縛《しば》られることがあります。私自身、目の届く範囲が関西圏に限定されやすいことを感じています。本郷さんは、私にとって仮想敵みたいな方でした（笑）。ところがショックだったのは、関東の研究者が京都史観に染まり出しているらしいことです。しかも、関東史観を押し通してきた本郷さんが、どうやら関東においても孤立しているらしい。

史料をそのまま文字通りに読めば、たぶん黒田俊雄さんのような歴史像になります。でも、石井進さんも本郷さんも史料の裏を読み込んで、東国の武人にはこんな志《こころざし》があったんじゃあないかと主張してきた。いっぽう、若い研究者たちはどうも史料の字づらを追いかけることが実証だと思い込んでいるようだというのが、本郷さんの主張でした。その背景には、矮小《わいしょう》な実証主義の進展とともに、ある種の保守回帰的な風潮があるように思います。

京都で勉強をした黒田さんが権門体制論に向かうのはそれでいいのです。でも、関東の若い研究者たちに歩み寄ってこられると、私の論敵が本郷さんだけになってしまう（笑）。やはり関東の人は関東でがんばってもらわなあかん。

おわりに——武士と女官とＡＫＢ48

井上章一

日本のいわゆる中世史を、どうとらえるか。その見取図には、大きくわけてふたつの型がある。ひとつは、七、八世紀にできた律令のしくみが、のちのちまで社会を左右したとする見方。そして、もうひとつは、その秩序をくずしていく新しい勢力に光をあてる歴史観。このふたつがあげられる。

ひらたく言えば、前者は京都が拠点となる朝廷の威光を、大きくえがこうとする。あるいは、朝廷をとりまく公家や寺社の存在感も、特筆する傾向がある。いっぽう、後者はそこにおさまりきらない武士の革新性を、かがやかしくとらえてきた。とりわけ、関東につどった勢力の野性を、肯定的にあらわしたのである。

前者の学統は、主として、京都大学でまなんだ歴史家たちによってになわれた。後者の史風をつたえる、その牽引役《けんいんやく》をはたしたのは東京大学出身の歴史家であったろう。そして、二十世紀のおわりごろまでは、この対抗関係がたもたれたと思う。

私の見るところ、本郷さんはこの関東的な歴史観を展開する、今日《こんにち》の第一人者である。

今回の対談でも、たとえば東大の先学である石井進への言及に、その志を強く感じた。

石井先生、あなたはもっとはっきり西の黒田俊雄を批判すべきだったんじゃあないですか。あなたがにえきらない態度をとったせいもあるんですよ。黒田理論が（権門体制論などのことだが）、歴史学界ではびこってしまったのは。

私は大学と大学院を、工学部ですごしている。文学部の史学科にみなぎっていただろう学統の感化は、まったくこうむっていない。それでも、京都大学に籍をおいてきた。おかげで、今は歴史を考える構《かま》えが、西側よりになっている。文転した今日、自分の思考がそちら側で、いつのまにかそめあげられたことを、自覚する。

本郷さんとの対談で、本を一冊つくりませんか。そう祥伝社の飯島英雄さんから話をもちかけられ、まず思った。東西対抗のやりあいになりそうな企画だな、と。

しかし、おおいそぎで訂正をしておこう。私は歴史の本を読むのが好きだし、歴史の見取図にも興味をもっている。だが、古い史料へわけいり、たとえば鎌倉時代についての論文を書く自信はない。卒業がゆるされるていどの卒論でさえ、しあげることはできないだろう。本郷さんと、史料読解の醍醐味《だいごみ》を語りあったりする能力は、もちあわせていない。

いきおい、私が本郷さんへいどみかかる話題は、空中戦めいたそれに傾斜する。足が地につかない大技《おおわざ》。格闘技の世界ではありえない、プロレス流の見せ技ばかりになったと思う。それも、メキシカン・プロレスばりのとんだりはねたりといった展開に。まあ、私は心のどこかで、一寸《いっすん》のプロレスにも五分《ごぶ》の魂《たましい》と考えているのだが。

もちろん、本郷さんもその点はおりこみずみであったろう。素人の井上と、史料批判を論じあっても意味がない。ご自身も、大づくりな話で応じようと、はじめから覚悟はしておられたと思う。そして、じっさい、この本はそういう体裁の本になった。歴史学の学界に席をおきながら、私の空中戦とつきあっていただいたことを感謝する。

さて、平安時代のおわりごろから、京都の宮廷では武士の姿が目につきだす。朝廷や有力貴族たちをまもる。そんな用心棒めいた仕事のために、彼らは在地から京都へ、いそいそとおもむいた。

その貢献でもらえる官職に、武士たちはひきつけられたのだろうと、よく言われる。私は、それ以外にも、京都のサロンをいろどる女官たちの吸引力があったと考える。源義朝は九条院《くじょういん》（藤原呈子《ていし》）のサロンから、絶世の美女である常盤御前《ときわごぜん》を褒美《ほうび》にさげわたされた。それなら、わしも……という武士の情熱だって、彼らを京都へむかわせたのだ、と。

歴史学の実証を重んじる世界では、ふつうとりあってもらえない。歯牙《しが》にもかけられない議論である。だが、本郷さんなら、いっしょに考えてくれるのではないか。たとえ、最終的には否定なさるとしても、検討はしてもらえる。私はそんな期待もよせていた。

本郷さんは、ＡＫＢ48おたくとしても、よく知られている。乃木坂《のぎざか》46や欅坂《けやきざか》46にも、いれこんでこられた方である。いや、その贔屓《ひいき》振りをメディアへさらすことも、いとわない研究者だと言うべきか。

そういう本郷さんは、京都の宮廷がもっていた女たちの力を、どう考えられるだろう。彼女たちの魅力が坂東武者《ばんどうむしゃ》をうごかした。その可能性を、関東史観へくみするいっぽうで、いかにうけとめようとなさるのか。ぜひ、お話をうかがってみたいものだと、ねがってきた。この本でくりひろげられる本郷さんの応答を、ぜひ味わっていただきたい。

二〇一八年八月

切りとり線

★読者のみなさまにお願い

この本をお読みになって、どんな感想をお持ちでしょうか。祥伝社のホームページから書評をお送りいただけたら、ありがたく存じます。今後の企画の参考にさせていただきます。また、次ページの原稿用紙を切り取り、左記まで郵送していただいても結構です。

お寄せいただいた書評は、ご了解のうえ新聞・雑誌などを通じて紹介させていただくこともあります。採用の場合は、特製図書カードを差しあげます。

なお、ご記入いただいたお名前、ご住所、ご連絡先等は、書評紹介の事前了解、謝礼のお届け以外の目的で利用することはありません。また、それらの情報を6カ月を越えて保管することもありません。

〒101-8701（お手紙は郵便番号だけで届きます）
祥伝社　新書編集部
電話03（3265）2310
祥伝社ブックレビュー　www.shodensha.co.jp/bookreview

★本書の購買動機（媒体名、あるいは○をつけてください）

＿＿＿＿新聞の広告を見て	＿＿＿＿誌の広告を見て	＿＿＿＿の書評を見て	＿＿＿＿の Web を見て	書店で見かけて	知人のすすめで

★100字書評……日本史のミカタ

名前

住所

年齢

職業

井上章一　いのうえ・しょういち

国際日本文化研究センター所長。1955年京都市生まれ。京都大学大学院工学研究科修士課程修了。国際日本文化研究センター教授などを経て、現職。専門は建築史、意匠論。『つくられた桂離宮神話』でサントリー学芸賞、『南蛮幻想』で芸術選奨文部大臣賞を受賞。著書に『美人論』『京都ぎらい』など。

本郷和人　ほんごう・かずと

東京大学史料編纂所教授、博士(文学)。1960年東京都生まれ。東京大学文学部卒業、同大学院人文科学研究科博士課程単位取得退学。東京大学史料編纂所に入所、『大日本史料』第5編の編纂にあたる。東京大学大学院情報学環准教授を経て、現職。専門は中世政治史。著作に『壬申の乱と関ヶ原の戦い』など。

日本史《にほんし》のミカタ

井上章一《いのうえしょういち》　本郷和人《ほんごうかずと》

2018年 9 月10日　初版第 1 刷発行
2021年12月 5 日　　第 6 刷発行

発行者……………辻 浩明
発行所……………祥伝社《しょうでんしゃ》
〒101-8701　東京都千代田区神田神保町3-3
電話　03(3265)2081(販売部)
電話　03(3265)2310(編集部)
電話　03(3265)3622(業務部)
ホームページ　www.shodensha.co.jp

装丁者……………盛川和洋
印刷所……………萩原印刷
製本所……………ナショナル製本

Printed in Japan　ISBN978-4-396-11545-6　C0221

〈祥伝社新書〉
古代史

316
古代道路の謎
奈良時代の巨大国家プロジェクト

巨大な道路はなぜ造られ、廃絶したのか？　文化庁文化財調査官が解き明かす

文化庁文化財調査官
近《お》江《お み》俊《とし》秀《ひで》

423
天皇はいつから天皇になったか？

天皇につけられた鳥の名前、天皇家の太陽神信仰など、古代天皇の本質に迫る

元・龍谷大学教授
平林章《あき》仁《ひと》

326
謎の古代豪族　葛《かつら》城《ぎ》氏

天皇家と並んだ大豪族は、なぜ歴史の闇に消えたのか？

平林章仁

513
蘇我氏と馬《うま》飼《かい》集団の謎

「馬」で解き明かす、巨大豪族の正体。その知られざる一面に光をあてる

平林章仁

510
渡来氏族の謎

秦《はた》氏、東漢《やまとのあや》氏、西文《かわちのふみ》氏、難波《なにわの》吉《き》士《し》氏など、厚いヴェールに覆《おお》われた実像を追う

歴史学者
加藤謙吉

〈祥伝社新書〉
古代史

370
神社が語る古代12氏族の正体
神社がわかれば、古代史の謎が解ける！
歴史作家 関 裕二

415
信濃が語る古代氏族と天皇
日本の古代史の真相を解く鍵が信濃にあった。善光寺と諏訪大社の謎
関 裕二

469
天皇諡号《しごう》が語る古代史の真相
天皇の死後に贈られた名・諡号から、神武《じんむ》天皇から聖武《しょうむ》天皇に至る通史を復元
関 裕二 監修

456
古代倭王の正体
海を越えてきた覇者たちの興亡
邪馬台国《やまたいこく》の実態、そして倭国の実像と興亡を明らかにする
古代史研究家 小林恵子《やすこ》

535
古代史から読み解く「日本」のかたち
天孫降臨神話の謎、邪馬台国はどこにあったのか、持統天皇行幸の謎ほか
国際日本文化研究センター教授 倉本一宏
マンガ家 里中満智子

〈祥伝社新書〉
近代史

377
条約で読む日本の近現代史
日米和親条約から日中友好条約まで、23の条約・同盟を再検証する
自由主義史観研究会 編著
藤岡信勝

411
大日本帝国の経済戦略
明治の日本は超高度成長だった。極東の小国を強国に押し上げた財政改革とは
ノンフィクション作家
武田知弘

472
帝国議会と日本人 なぜ、戦争を止められなかったのか
帝国議会議事録から歴史的事件・事象を抽出し、分析。戦前と戦後の奇妙な一致！
歴史研究家
小島英俊

357
物語 財閥の歴史
三井、三菱、住友をはじめとする現代日本経済のルーツを、ストーリーで読み解く
ノンフィクション作家
中野 明

448
東京大学第二工学部 なぜ、9年間で消えたのか
「戦犯学部」と呼ばれながらも、多くの経営者を輩出した〝幻の学部〟の実態
中野 明

〈祥伝社新書〉
歴史に学ぶ

366
はじめて読む人のローマ史1200年
建国から西ローマ帝国の滅亡まで、この1冊でわかる！
東京大学名誉教授
本村凌二

168
ドイツ参謀本部 その栄光と終焉
組織とリーダーを考える名著。「史上最強」の組織はいかにして作られ、消滅したか
上智大学名誉教授
渡部昇一

379
国家の盛衰 3000年の歴史に学ぶ
覇権国家の興隆と衰退から、国家が生き残るための教訓を導き出す
渡部昇一
本村凌二

588
世界史のミカタ
「国家の枠を超えて世界を見る力が身につく」佐藤優氏推奨
国際日本文化研究センター所長
井上章一
小説家
佐藤賢一

630
歴史のミカタ
歴史はどのような時に動くのか、歴史は繰り返されるか……など本格対談
井上章一
国際日本文化研究センター教授
磯田道史